NEW

맛있는 주니어 중국어

2

친구 사귀기

맛있는 books

맛있는 어린이 중국어 카페(https://cafe.naver.com/kidchina1)에 들어가면
단어 카드, PPT, 강의계획서, MP3 자료 등 수업에 활용 가능한 다양한 학습
자료를 다운로드 할 수 있습니다.

펴낸날 2024년 4월 5일 개정판 2쇄 | 저자 엄영권 | 기획 JRC 중국어연구소 | 발행인 김효정 | 발행처 맛있는books
등록번호 제2006-000273호 | 편집 최정임 | 디자인 이솔잎 | 제작 박선희
일러스트 김세옥 | 성우 이영아, 오은수, 위하이펑, 짜오리쥐엔, 궈양
주소 서울시 서초구 명달로 54 JRC빌딩 7층 | 구입문의 02·567·3861. 02·567·3837
내용문의 02·567·3860 | 팩스 02·567·2471 | 홈페이지 www.booksJRC.com
ISBN 979-11-6148-062-6 64720
　　　 979-11-6148-060-2 (세트)
정가 16,500원

제품명: 일반 어린이도서 | 제조자명: JRC에듀 | 판매자명: 맛있는books | 제조국: 대한민국 | 주소: 서울시 서초구 명달로 54 JRC빌딩 7층
전화번호: 02-567-3860 | 제조년월: 2024년 4월 5일 | 사용연령: 12세 이상
KC마크는 이 제품이 공동안전기준에 적합하였음을 의미합니다.

『NEW 맛있는 주니어 중국어』로
친구들과 함께, 선생님과 함께~ 중국어 전문가가 되어 보세요!

처음으로 영어를 접했던 중학교 시절, 영어에 대한 부푼 꿈을 안고 자신감 백 배로 시작했지만 시작과 동시에 다가온 어렵고도 지루한 문법 설명 등으로 인해 영어에 대한 흥미는 언제 있었냐는 듯이 사라졌고, 지금도 여전히 영어라고 하면 왠지 자신이 없고 영어는 나와는 멀게만 느껴집니다.

대학에 들어와 중국어과에 진학하면서, 비로소 외국어를 공부하는 방법을 터득하게 되었습니다. 은사님이신 송재록 교수님의 획기적인 강의법에 매료되어 수업 시간이 너무 짧다고 불평할 정도였고, 짧은 문장을 외우고 儿歌(동요)를 따라 하면서 배운 중국어가 매우 재미있어서, 매일같이 교수님 연구실을 찾아가 귀찮게 해 드렸던 기억이 납니다. 이렇게 제가 처음 접했던 중국어 수업은 문법 설명으로 시간을 꽉꽉 채웠던 영어 수업과는 달리 무조건 입으로 내뱉어야 하는 재미있고 활기찬 수업이었거든요.

첫인상이 이렇게도 중요한 것인지, 여러 해 중국어를 배우고 또 더 많은 해 사람들에게 중국어를 가르쳐 왔지만 지금도 '중국어'라는 단어를 떠올리면, 저에겐 쉴 새 없이 떠들 수 있게 하는 제 힘의 원천이라고 생각이 될 정도이지요.

『맛있는 주니어 중국어』의 집필을 맡게 되었을 때, '어떻게 하면 우리 친구들이 좀 더 쉽고 재미있게 중국어를 배울 수 있게 할까?'라는 고민을 하며, 나름대로 열심히 집필하였지만, 교재가 완성된 후에도 여전히 아쉬움과 부족함을 느낍니다. 그래도 우리 친구들이 이 교재를 통해 조금이나마 쉽게 중국어를 접하고, 제가 느꼈던 재미를 느끼며, 중국어를 유창하게 말할 수 있는 인재가 되었으면 하는 기대를 해 봅니다.

먼저 항상 저에게 영감을 주시는 하나님께 감사 드리고, 이 책이 나올 수 있도록 격려와 지원을 아끼지 않으신 맛있는북스 김효정 대표님과 출판팀 여러분, 교정을 도와준 아내와 저에게 중국어의 열정을 불어넣어 주신 송재록 교수님께 감사 드립니다.

엄영권

표현 쏙쏙! 단어 쑥쑥!

이 과에서 어떤 표현을 배우게 될지
미리 알아봅니다.
회화를 배우기 전에 회화에서 쓰이는
단어를 먼저 공부하도록 합니다.

맛있는 회화

우리 친구들이 좋아하는 만화로
구성하여 한층 더 흥미를 돋우었습니다.
간단한 회화이지만 실생활에서
꼭 필요한 표현들이니
꼼꼼히 학습해 보세요.

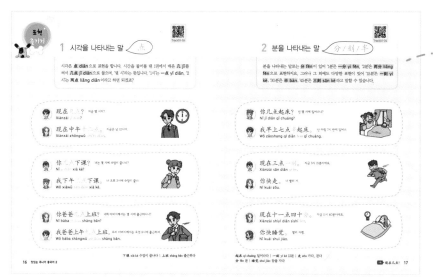

표현 즐기기

회화에서 주요하게 쓰인 표현에 대한
다양한 예문을 가지고 학습합니다.

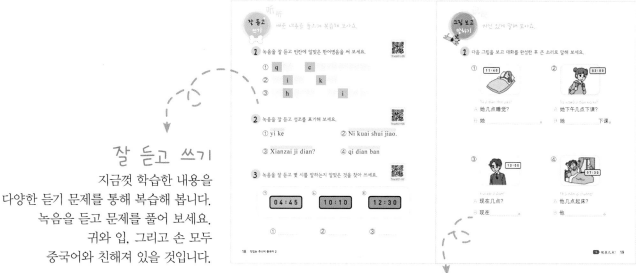

잘 듣고 쓰기

지금껏 학습한 내용을
다양한 듣기 문제를 통해 복습해 봅니다.
녹음을 듣고 문제를 풀어 보세요.
귀와 입, 그리고 손 모두
중국어와 친해져 있을 것입니다.

그림 보고 말하기

그림을 보고 어떻게 말하면 좋을지
한 번 더 생각해 보고, 알맞은 답을 찾는
문제입니다. 회화 실력을 한층 더 올려 줍니다.

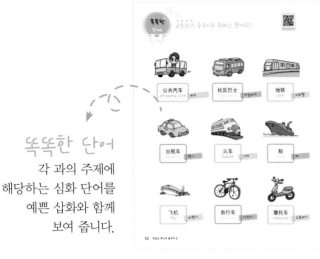

똑똑한 단어

각 과의 주제에
해당하는 심화 단어를
예쁜 삽화와 함께
보여 줍니다.

신나는 중국 동요

중국 어린이들이
즐겨 부르고,
즐겨 말하는 동요입니다.
소리 내어 발음하면
참 재미있어요.

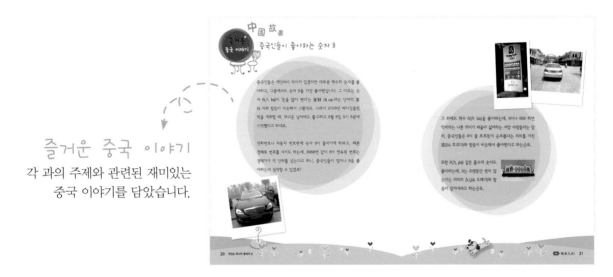

즐거운 중국 이야기

각 과의 주제와 관련된 재미있는
중국 이야기를 담았습니다.

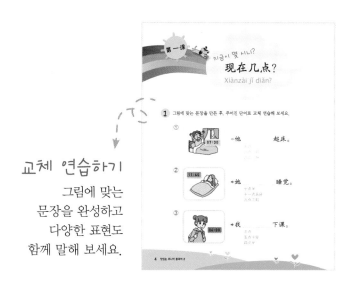

교체 연습하기

그림에 맞는
문장을 완성하고
다양한 표현도
함께 말해 보세요.

그림 보고 대화하기

친구들과 서로 역할을 바꿔 가며
능동적으로 대화 연습을 해 보세요.

단어 연습하기

퍼즐 조각을 완성하고
단어를 직접 써 보며 익혀 보세요.

빈칸 채우기

중요 단어로 빈칸을 채우며
중국어 표현을 복습해 보세요.

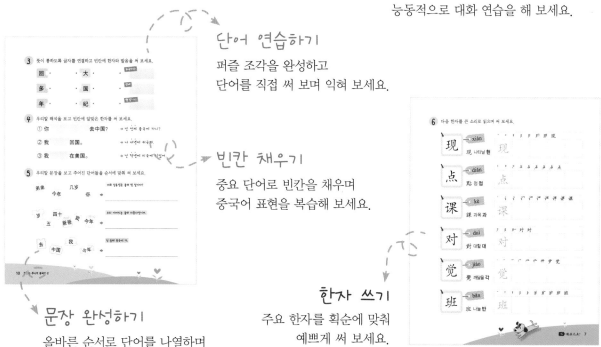

문장 완성하기

올바른 순서로 단어를 나열하며
중국어 문장을 한눈에 파악해 보세요.

한자 쓰기

주요 한자를 획순에 맞춰
예쁘게 써 보세요.

차례

Track01-01

지금이 몇 시니?

现在几点?

Xiànzài jǐ diǎn?

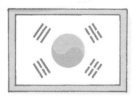

现在几点?
Xiànzài jǐ diǎn?

现在九点半。
Xiànzài jiǔ diǎn bàn.

이 과에서는요!

방학이 끝나고 첫 수업 시간입니다.

그런데 이런, 민호가 지각을 해서 선생님께 꾸중을 듣네요.

이번 과에서는 시간을 나타내는 '시'와 '분'에 대해 배워 봐요.

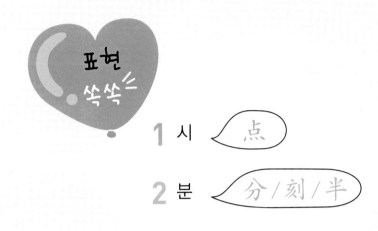

표현
쏙쏙

1 시 　点

2 분 　分 / 刻 / 半

단어
쏙쏙

- 现在 xiànzài 지금
- 几 jǐ 몇[10 이하의 숫자를 물을 때 쓰임]
- 点 diǎn 시
- 半 bàn 반, 1/2

- 上课 shàng kè 수업하다
- 快 kuài 빨리
- 坐下 zuòxia 앉다
- 对不起 duìbuqǐ
  미안하다, 죄송하다

맛있는 회화

함께 중국어로 대화해 보아요.

지각을 한 민호가 헐레벌떡 교실로 뛰어 들어옵니다. 선생님은 화가 나셨는지 민호에게 수업 시간이 몇 시부터인지 물어보시네요.

现在几点？
Xiànzài jǐ diǎn?

现在九点半。
Xiànzài jiǔ diǎn bàn.

我们几点上课？
Wǒmen jǐ diǎn shàng kè?

我们九点上课。
Wǒmen jiǔ diǎn shàng kè.

你快坐下。
Nǐ kuài zuòxia.

对不起，老师。
Duìbuqǐ, lǎoshī.

1 시각을 나타내는 말

시각은 **点 diǎn**으로 표현을 합니다. 시간을 물어볼 땐 1권에서 배운 **几 jǐ**를 써서 **几点 jǐ diǎn**으로 물으며, '몇 시'라는 뜻입니다. '1시'는 **一点 yī diǎn**, '2시'는 **两点 liǎng diǎn**이라고 하면 되겠죠?

现在**几点**?　　지금 몇 시지?
Xiànzài **jǐ diǎn**?

现在中午**十二点**。　　지금은 낮 12시야.
Xiànzài zhōngwǔ **shí'èr diǎn**.

你**几点**下课?　　너는 몇 시에 수업이 끝나니?
Nǐ **jǐ diǎn** xià kè?

我下午**三点**下课。　　나 오후 3시에 수업이 끝나.
Wǒ xiàwǔ **sān diǎn** xià kè.

你爸爸**几点**上班?　　너희 아버지께서는 몇 시에 출근하시니?
Nǐ bàba **jǐ diǎn** shàng bān?

我爸爸上午**九点**上班。　　우리 아버지께서는 오전 9시에 출근하셔.
Wǒ bàba shàngwǔ **jiǔ diǎn** shàng bān.

下课 xià kè 수업이 끝나다 | 上班 shàng bān 출근하다

2 분을 나타내는 말 | 分 / 刻 / 半

분을 나타내는 말로는 **分 fēn**이 있어 '1분'은 **一分 yì fēn**, '2분'은 **两分 liǎng fēn**으로 표현하지요. 그러나 그 외에도 다양한 표현이 있어 '15분'은 **一刻 yí kè**, '30분'은 **半 bàn**, '45분'은 **三刻 sān kè** 라고 말할 수 있습니다.

 你几点起床?   넌 몇 시에 일어나니?
Nǐ jǐ diǎn qǐ chuáng?

 我早上七点半起床。   난 아침 7시 반에 일어나.
Wǒ zǎoshang qī diǎn bàn qǐ chuáng.

 现在三点一刻。   지금 3시 15분이에요.
Xiànzài sān diǎn yí kè.

 你快走。   너 빨리 가.
Nǐ kuài zǒu.

 现在十一点四十分。   지금 11시 40분이에요.
Xiànzài shíyī diǎn sìshí fēn.

 你快睡觉。   빨리 자렴.
Nǐ kuài shuì jiào.

起床 qǐ chuáng 일어나다 | 一刻 yí kè 15분 | 走 zǒu 가다, 걷다
分 fēn 분 | 睡觉 shuì jiào 잠을 자다

잘 듣고 쓰기

听听

배운 내용을 들으며 복습해 보아요.

1 녹음을 잘 듣고 빈칸에 알맞은 한어병음을 써 보세요.

Track01-05

① q   c

② i   k

③ h   i

2 녹음을 잘 듣고 성조를 표기해 보세요.

Track01-06

① yi ke

② Ni kuai shui jiao.

③ Xianzai ji dian?

④ qi dian ban

3 녹음을 잘 듣고 몇 시를 말하는지 알맞은 것을 찾아 쓰세요.

Track01-07

ㄱ **04:45**   ㄴ **10:10**   ㄷ **12:30**

① _____   ② _____   ③ _____

그림 보고
말하기

자신 있게 말해 보아요.

1 다음 그림을 보고 대화를 완성한 후 큰 소리로 말해 보세요.

①

Tā jǐ diǎn shuì jiào?

A 她几点睡觉？

B 她_____。

②

Tā xiàwǔ jǐ diǎn xià kè?

A 她下午几点下课？

B 她_____下课。

③

Xiànzài jǐ diǎn?

A 现在几点？

B 现在_____。

④

Tā jǐ diǎn qǐ chuáng?

A 他几点起床？

B 他_____。

즐거운 중국 이야기

中国故事
중국인들이 좋아하는 숫자 8

중국인들은 개인마다 차이가 있겠지만 대부분 짝수의 숫자를 좋아하고, 그중에서도 숫자 8을 가장 좋아한답니다. 그 이유는 숫자 8(八 bā)이 '돈을 많이 번다'는 发财 fā cái 라는 단어의 发 fā 자와 발음이 비슷해서 그렇대요. 그래서 2008년 베이징올림픽을 개최할 때, 무더운 날씨에도 불구하고 8월 8일 8시 8분에 시작했다고 하네요.

전화번호나 자동차 번호판에 숫자 8이 들어가게 하려고, 때론 경매로 번호를 사기도 하는데, 8888번 같이 8이 연속된 번호는 경매가가 억 단위를 넘는다고 하니, 중국인들이 얼마나 8을 좋아하는지 짐작할 수 있겠죠?

그 외에도 짝수 6(六 liù)을 좋아하는데, 6이나 666 하면 악마라는 나쁜 의미가 떠올라 싫어하는 서양 사람들과는 달리, 중국인들은 6이 물 흐르듯이 순조롭다는 의미를 가진 流(liú 흐르다)와 발음이 비슷해서 좋아한다고 하는군요.

또한 9(九 jiǔ) 같은 홀수의 숫자도 좋아하는데, 9는 오랫동안 변치 않는다는 의미의 久(jiǔ 오래다)와 발음이 같아서라고 하는군요.

Track02-01

너 올해 몇 살이야?

你今年多大？
Nǐ jīnnián duō dà?

你今年多大？
Nǐ jīnnián duō dà?

我今年十三岁，你呢？
Wǒ jīnnián shísān suì, nǐ ne?

이 과에서는요!

새 학년이 된 친구들이 서로의 나이를 물어봐요.
우리의 주인공들 모두 알고 보니 열세 살, 동갑내기네요.
이번 과에서는 '연도'와 '나이'에 대해 배워 봐요.

표현 쏙쏙

1 연도  今年 / 去年 / 明年

2 나이 几岁 / 多大 / 多大年纪

단어 쑥쑥

- 今年 jīnnián 올해
- 多大 duō dà (나이가) 얼마나 많은가
- 岁 suì 살, 세

- 啊 à 아!
  [놀람, 감탄을 표현하는 감탄사]
- 同岁 tóngsuì 동갑
- 年纪 niánjì 나이, 연세

함께 중국어로 대화해 보아요.

Track02-02

민호와 윤아가 서로의 나이를 묻습니다. 알고 보니 민호와 윤아는 모두 열세 살 동갑이었군요. 그럼 선생님의 연세는 어떻게 되실까요?

你今年多大?

Nǐ jīnnián duō dà?

我今年十三岁，你呢?

Wǒ jīnnián shísān suì, nǐ ne?

我也十三岁。

Wǒ yě shísān suì.

啊! 我们同岁。

À!　　　Wǒmen tóngsuì.

老师今年多大年纪?

Lǎoshī jīnnián duō dà niánjì?

她今年三十五岁。

Tā jīnnián sānshíwǔ suì.

1 연도를 나타내는 말 今年/去年/明年

연도를 나타내는 말인 '올해'는 **今年 jīnnián**, '작년'은 **去年 qùnián**, '내년'은 **明年 míngnián**이라고 합니다. '언제'라고 시간을 물어볼 때에는 **什么时候 shénme shíhou**를 쓰면 됩니다.

 我去年在中国，你呢? <small>난 작년에 중국에 있었어, 너는?</small>
Wǒ qùnián zài Zhōngguó, nǐ ne?

 我去年在美国。 <small>난 작년에 미국에 있었어.</small>
Wǒ qùnián zài Měiguó.

 你什么时候去中国? <small>넌 언제 중국에 가니?</small>
Nǐ shénme shíhou qù Zhōngguó?

 我今年去中国。 <small>난 올해 중국에 가.</small>
Wǒ jīnnián qù Zhōngguó.

 她什么时候回国? <small>그녀는 언제 귀국하니?</small>
Tā shénme shíhou huí guó?

 她明年回国。 <small>그녀는 내년에 귀국해요.</small>
Tā míngnián huí guó.

去年 qùnián 작년 | 美国 Měiguó 미국 | 什么时候 shénme shíhou 언제 | 今年 jīnnián 올해
回国 huí guó 귀국하다 | 明年 míngnián 내년

2 나이를 물어보는 말 〈几岁/多大/多大年纪〉

나이를 물어볼 때는 누구에게 물어보는지에 따라 다릅니다. 10세 미만의 어린 아이에게는 **几岁 jǐ suì**를, 10세 이상이거나 동년배에게는 **多大 duō dà**, 연세가 많은 어른에게는 **多大年纪 duō dà niánjì**를 써서 물어봅니다. 그러나 대답을 할 때는 모두 **岁 suì**로 대답합니다.

你弟弟今年几岁?   너희 남동생은 올해 몇 살이야?
Nǐ dìdi jīnnián jǐ suì?

我弟弟今年七岁。   내 남동생은 올해 일곱 살이야.
Wǒ dìdi jīnnián qī suì.

你今年多大?   넌 올해 몇 살이야?
Nǐ jīnnián duō dà?

我今年十三岁。   난 올해 열세 살이야.
Wǒ jīnnián shísān suì.

你爸爸今年多大年纪?   너희 아버지는 올해 연세가 어떻게 되셔?
Nǐ bàba jīnnián duō dà niánjì?

我爸爸今年四十五岁。   우리 아버지는 올해 마흔다섯이셔.
Wǒ bàba jīnnián sìshíwǔ suì.

几岁 jǐ suì 몇 살이니? | 多大 duō dà 나이가 어떻게 되니?
多大年纪 duō dà niánjì 연세가 어떻게 되세요?

잘 듣고 쓰기

听听

배운 내용을 들으며 복습해 보아요.

1 녹음을 잘 듣고 빈칸에 알맞은 한어병음을 써 보세요.

Track02-05

① t | | g | s

② j | | s

③ d | | d | n | | j

2 녹음을 잘 듣고 성조를 표기해 보세요.

Track02-06

① shenme shihou

② Ni duo da?

③ Jinnian shiwu sui.

④ Ta jinnian duo da nianji?

3 녹음을 잘 듣고 윤아네 식구들의 나이를 쓰세요.

Track02-07

① 　② 　③

_____　_____　_____

说说

그림 보고
말하기

자신 있게 말해 보아요.

1 다음 그림을 보고 대화를 완성한 후 큰 소리로 말해 보세요.

①

A 他＿＿＿＿＿＿？

Tā jīnnián qù Zhōngguó.

B 他今年去中国。

②

A 你弟弟＿＿＿＿＿＿？

Wǒ dìdi jīnnián qī suì.

B 我弟弟今年七岁。

③

A 他＿＿＿＿＿＿？

Tā jīnnián qīshíliù suì.

B 他今年七十六岁。

④

A 他＿＿＿＿＿＿？

Tā jīnnián shísān suì.

B 他今年十三岁。

즐거운 중국 이야기 中国故事
중국의 설날

중국에서도 우리와 마찬가지로 음력 1월 1일을 설날로 보는데, 중국의 설날은 春节 Chūnjié 라고 합니다.

우리가 설날에 세배를 하듯이 중국에서도 어른들께 세배를 하는데, 이를 拜年 bài nián 이라고 하지요. 중국의 세배는 우리처럼 큰절을 하는 것이 아니고, 어른들께 기원의 인사를 드리는 것을 말하는데요, 新年快乐! Xīnnián kuàilè!(새해 복 많이 받으세요!), 万事如意! Wànshì rúyì!(모든 일이 뜻대로 이루어지시길 빕니다!), 身体健康! Shēntǐ jiànkāng!(건강하시길 빕니다!), 年年有余! Niánnián yǒuyú!(해마다 풍성하시길 빕니다!) 등의 인사말을 주로 한답니다.

压岁钱 yāsuìqián

红包 hóngbāo

이렇게 인사말을 주고받으면 어른들은 미리 준비한 压岁钱 yāsuìqián 이라고 하는 세뱃돈을 빨간색 봉투, 즉 红包 hóngbāo 에 담아서 아이들에게 나눠 줍니다. 压岁钱 yāsuìqián 은 '사악한 기운을 억누른다'는 뜻의 단어와 발음이 같아서, 중국인들은 이렇게 세뱃돈을 받고 나면 한 해를 평안히 보낼 수 있다고 믿는대요.

今天几月几号？
Jīntiān jǐ yuè jǐ hào?

오늘이 몇 월 며칠이지?

이 과에서는요!

다이어리를 보고 있는 민호에게 윤아가 생일을 물어보네요.

민호와 윤아의 생일은 언제일까요?

이번 과에서는 '월'과 '일' 그리고 '바로'라는 표현에 대해 배워 봐요.

표현
쏙쏙

1 월 / 일 月 / 号

2 바로 就

단어
쏙쏙

· 月 yuè 월

· 号 hào 일

· 生日 shēngrì 생일

· 后天 hòutiān 모레

· 就 jiù 바로, 곧

민호와 윤아가 다이어리를 보면서 서로의 생일에 대해 이야기하고 있어요.
알고 보니 모레가 윤아의 생일이었네요.

今天几月几号?

Jīntiān jǐ yuè jǐ hào?

今天三月十三号。

Jīntiān sān yuè shísān hào.

你的生日是几月几号?

Nǐ de shēngrì shì jǐ yuè jǐ hào?

九月四号,你呢?

Jiǔ yuè sì hào, nǐ ne?

三月十五号。

Sān yuè shíwǔ hào.

后天就是你的生日!

Hòutiān jiù shì nǐ de shēngrì!

1 날짜를 나타내는 말 月 / 号

날짜는 '월' **月 yuè**와 '일' **号 hào**를 사용해서 표현합니다. 몇 월 며칠인지 물어볼 때는 1권에서 배웠던 **几 jǐ**를 사용하면 되는데, 이때 동사 **是 shì**는 생략할 수 있습니다. 단, 부정문일 때에는 꼭 써야 한답니다.

 今天几月几号? 오늘은 몇 월 며칠이야?
Jīntiān jǐ yuè jǐ hào?

 今天一月一号。 오늘은 1월 1일이야.
Jīntiān yī yuè yī hào.

 明天二月三号吗? 내일은 2월 3일이니?
Míngtiān èr yuè sān hào ma?

 明天不是二月三号。 내일은 2월 3일이 아니야.
Míngtiān bú shì èr yuè sān hào.

 잠깐!

① '월 月 yuè'와 '일 号 hào'는 사물을 세는 양사(量词)에 속하지 않기 때문에, 1과 2는 그대로 '一 yī', '二 èr'로 읽어야 합니다.

② '이번 달'은 这个月 zhège yuè, '지난달'은 上个月 shàng ge yuè, '다음 달'은 下个月 xià ge yuè라고 표현해요.

2 강조를 나타내는 말 　就

'바로 ~이다', '곧 ~한다'라고 문장을 강조할 때는 **就 jiù**를 사용합니다. **就**는 **是 shì**나 **来 lái** 같은 동작을 나타내는 말 앞에 넣어 주면 돼요.

 他是谁?　그는 누구야?
Tā shì shéi?

 他就是我的好朋友。　그는 바로 내 친한 친구야.
Tā jiù shì wǒ de hǎo péngyou.

 我们明天就放假。　우리 내일이면 곧 방학이다.
Wǒmen míngtiān jiù fàng jià.

 太好了!　정말 좋아!
Tài hǎo le!

 老师什么时候来?　선생님께서는 언제 오시니?
Lǎoshī shénme shíhou lái?

 老师下午就来。　선생님께서는 오후에 바로 오실 거야.
Lǎoshī xiàwǔ jiù lái.

好朋友 hǎo péngyou 친한 친구 | 放假 fàng jià 방학하다 | 太好了 tài hǎo le 정말 좋다

잘 듣고 쓰기

听听

배운 내용을 들으며 복습해 보아요.

1 녹음을 잘 듣고 빈칸에 알맞은 한어병음을 써 보세요.

Track03-05

① s　　　g　r

② h　　　p　　　y

③ t　　　h　　　l

2 녹음을 잘 듣고 성조를 표기해 보세요.

Track03-06

① ji yue ji hao　② yi yue yi hao

③ Xiawu jiu lai.　④ Mingtian jiu shi wo de shengri.

3 녹음을 잘 듣고 윤아네 식구들의 생일이 몇 월 며칠인지 쓰세요.

Track03-07

① 　② 　③

_____　_____　_____

说说

그림 보고 말하기

자신 있게 말해 보아요.

1 다음 그림을 보고 대화를 완성한 후 큰 소리로 말해 보세요.

①

明天

Míngtiān èr yuè sān hào ma?

A 明天二月三号吗?

B 明天＿＿＿＿＿＿＿＿＿＿。

②

A 你的生日是＿＿＿＿＿＿＿＿？

Wǒ de shēngrì shì jiǔ yuè sì hào.

B 我的生日是九月四号。

③

Tā shì shéi?

A 他是谁?

B 他就是＿＿＿＿＿＿＿＿。

④

下午

Lǎoshī shénme shíhou lái?

A 老师什么时候来?

B 老师＿＿＿＿＿＿＿＿。

中国故事
즐거운 중국 이야기

중국의 명절과 기념일

중국의 전통 명절과 기념일에 대해 함께 알아봐요.

전통 명절은 우리와 크게 다르지 않은데, 양력설인 1월 1일은 元旦 Yuándàn, 우리나라 설날에 해당하는 음력 1월 1일은 春节 Chūnjié, 우리 추석과 같은 음력 8월 15일은 中秋节 Zhōngqiū Jié 라고 합니다.

春节 Chūnjié

中秋节 Zhōngqiū Jié

国庆节 Guóqìng Jié

儿童节 Értóng Jié

또 중국의 기념일로는 중화 인민 공화국의 건국 기념일인 10월 1일 国庆节 Guóqìng Jié, 국제 노동절이라고 하는 5월 1일 劳动节 Láodòng Jié 등이 대표적으로, 이 기간에 중국인들은 보통 1주에서 2주간의 긴 휴가를 떠납니다.

이외에도 중국은 어버이날을 어머니날(母亲节 Mǔqīn Jié)과 아버지날(父亲节 Fùqīn Jié)로 나누어, 5월 둘째 주 일요일은 어머니날, 6월 셋째 주 일요일은 아버지날로 삼아 기념하고 있습니다. 그리고 어린이날은 儿童节 Értóng Jié로 6월 1일이고, 스승의 날은 教师节 Jiàoshī Jié 라고 하는데 9월 10일이랍니다. 우리와 기념일이 많이 다르죠?

第四课

오늘이 무슨 요일이야?

今天星期几?

Jīntiān xīngqī jǐ?

이 과에서는요!

민호가 하나에게 오늘이 무슨 요일인지 물어보네요.

아마도 이번 토요일에 있을 윤아의 생일 파티에 같이 가자고 하려나 봐요.

이번 과에서는 '요일'을 말하는 방법과 '왜'라는 표현에 대해 배워 봐요.

표현 쏙쏙

1 요일　　　星期

2 왜　　　　为什么

단어 쏙쏙

- 星期 xīngqī 요일
- 吧 ba ~하자!, ~해![제안, 명령의 의미]
- 为什么 wèishénme 왜, 무엇 때문에
- 过 guò 지내다, 보내다
- 好的 hǎode 좋아
- 一定 yídìng 반드시, 꼭

이번 주 토요일은 윤아의 생일이라 윤아네에서 생일 파티를 연다고 하네요.
민호가 하나에게 같이 가자고 이야기합니다.

今天星期几？

Jīntiān xīngqī jǐ?

今天星期四。

Jīntiān xīngqīsì.

星期六我们去允儿家吧！

Xīngqīliù wǒmen qù Yǔn'ér jiā ba!

为什么？

Wèishénme?

星期六她过生日。

Xīngqīliù tā guò shēngrì.

好的，我一定去。

Hǎode, wǒ yídìng qù.

1 요일을 나타내는 말 星期

요일은 **星期 xīngqī**라는 말을 쓰는데, 월요일부터 토요일까지는 **星期** 뒤에 차례로 **一, 二, 三, 四, 五, 六**를 넣으면 되고, 일요일은 **星期天 xīngqītiān**이라고 합니다. 요일을 물어볼 땐 **星期几 xīngqī jǐ**를 씁니다.

今天星期几? 오늘이 무슨 요일이지?
Jīntiān xīngqī jǐ?

今天星期五。 오늘은 금요일이야.
Jīntiān xīngqīwǔ.

你星期天干什么? 너 일요일에 뭐 하니?
Nǐ xīngqītiān gàn shénme?

我去朋友家。 나 친구 집에 가.
Wǒ qù péngyou jiā.

他星期几回国? 그는 무슨 요일에 귀국하니?
Tā xīngqī jǐ huí guó?

他星期二回国。 그는 화요일에 귀국해.
Tā xīngqī'èr huí guó.

星期五 xīngqīwǔ 금요일 | 回国 huí guó 귀국하다 | 星期二 xīngqī'èr 화요일

2 이유를 물어보는 말

'왜', '무엇 때문에'라고 이유를 물어볼 때는 **为什么 wèishénme**를 쓰면 됩니다. **为什么**는 우리말과 아주 비슷해서 따로 써도 되고 '너', '나' 같은 주어 뒤에 써도 됩니다.

 你明天来我家吧!   너 내일 우리 집에 와라!
Nǐ míngtiān lái wǒ jiā ba!

 为什么?   왜?
Wèishénme?

 你为什么不看这本书?   너 왜 이 책 안 보니?
Nǐ wèishénme bú kàn zhè běn shū?

 这本书没有意思。   이 책은 재미없어.
Zhè běn shū méiyǒu yìsi.

 잠깐!

吧 ba는 '~해!'라고 명령을 하거나, '~하자!'라고 제안할 때
문장 맨 뒤에 넣어 주면 돼요.

你吃饭吧!   너 밥 먹어! [명령]
Nǐ chī fàn ba!

我们看电影吧!   우리 영화 보자! [제안]
Wǒmen kàn diànyǐng ba!

没有意思 méiyǒu yìsi 재미없다 | 电影 diànyǐng 영화

잘 들고 쓰기

听听

배운 내용을 들으며 복습해 보아요.

1 녹음을 잘 듣고 빈칸에 알맞은 한어병음을 써 보세요.

Track04-05

① x　　　　　q

② w　　　　　n　m

③ d　　　　　n　g

2 녹음을 잘 듣고 성조를 표기해 보세요.

Track04-06

① xingqi ji　　　　　② Weishenme bu kan?

③ Mingtian lai wo jia ba!　④ Xingqiliu ta guo shengri.

3 녹음을 잘 듣고 민호가 다음의 행동을 어느 요일에 하는지 중국어로 써 보세요.

Track04-07

① 　　② 　　③

_____　　_____　　_____

说说

그림 보고 말하기

자신 있게 말해 보아요.

1 다음 그림을 보고 대화를 완성한 후 큰 소리로 말해 보세요.

① 朋友家

Nǐ xīngqītiān gàn shénme?

A 你星期天干什么？

B 我星期天＿＿＿＿＿＿＿＿＿。

② 星期二

Tā xīngqī jǐ huí guó?

A 他星期几回国？

B 他＿＿＿＿＿＿＿＿＿。

③ 今天

Jīntiān xīngqī jǐ?

A 今天星期几？

B 今天＿＿＿＿＿。

④ 星期六

Tāmen xīngqī jǐ qù diànyǐngyuàn?

A 他们星期几去电影院？

B 他们＿＿＿＿＿＿＿＿＿＿＿。

上课时间表
shàng kè shíjiānbiǎo

수업 시간표

科目 과목 ＼ 星期 요일	星期一 월요일	星期二 화요일	星期三 수요일	星期四 목요일	星期五 금요일
第一堂课 1교시	语文 yǔwén 국어(중국어)	数学 shùxué 수학	英语 Yīngyǔ 영어	科学 kēxué 과학	社会 shèhuì 사회
第二堂课 2교시					
第三堂课 3교시	思想品德 sīxiǎng pǐndé 사상품행(도덕)	音乐 yīnyuè 음악	信息技术 xìnxī jìshù 정보 기술 (컴퓨터)	美术 měishù 미술	体育 tǐyù 체육
第四堂课 4교시	自修 zìxiū 자습				

Track04-09

送报纸
Sòng bàozhǐ

隔壁住着张大妈，
Gébì zhùzhe Zhāng dàmā,

上街买菜没在家。
shàng jiē mǎi cài méi zài jiā.

报纸来了我去拿，
Bàozhǐ láile wǒ qù ná,

塞在大妈门底下。
sāi zài dàmā mén dǐxia.

신문 드리기

옆집 사시는 장씨 아주머니,
야채 사러 나가셔서 댁에 안 계세요.
신문이 왔기에, 내가 가져다가
아주머니 댁 문 아래 넣어 드렸어요.

1~4과를 공부하고 실력을 점검해 보세요.

1 다음 그림과 한어병음을 보고 빈칸에 알맞은 한자를 써 보세요.

①

Nǐ jǐ diǎn qǐ chuáng?

A 你_____起床?

Wǒ zǎoshang qī diǎn bàn qǐ chuáng.

B 我_____起床。

② 今年

Nǐ shénme shíhou qù Zhōngguó?

A 你_____去中国?

Wǒ jīnnián qù Zhōngguó.

B 我_____去中国。

③ 明天

Míngtiān èr yuè sān hào ma?

A 明天二_____三_____吗?

Míngtiān bú shì èr yuè sān hào.

B 明天不是二_____三_____。

④ 星期天

Tā xīngqī jǐ huí guó?

A 他_____回国?

Tā xīngqītiān huí guó.

B 他_____回国。

2 다음 그림을 보고 질문에 알맞은 대답을 고르세요.

①

今天几月几号?

❶ 今天二月五号。

❷ 今天不是二月五号。

❸ 今天二月四号。

②

老师多大年纪?

❶ 老师今年三十五岁。

❷ 老师去年三十五岁。

❸ 老师明年三十五岁。

③

今天星期几?

❶ 今天星期三。

❷ 今天星期天。

❸ 今天星期五。

④

现在几点?

❶ 现在三点一刻。

❷ 现在三点三刻。

❸ 现在三点半。

Track05-01

나 오빠한테 중국어 배워.

我跟哥哥学汉语。

Wǒ gēn gēge xué Hànyǔ.

이 과에서는요!

민호가 하나에게 전화를 걸어서 같이 윤아의 생일 선물을 사러 가자고 하네요.

언제 갈 건지 함께 물어볼까요?

이번 과에서는 '～에게'와 '～와(과)'라는

두 가지 뜻을 가지고 있는 단어에 대해 배워 봐요.

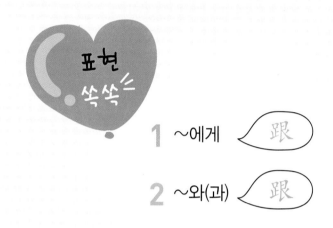

표현
쏙쏙

1 ～에게 跟

2 ～와(과) 跟

단어
쑥쑥

- 跟 gēn ～에게, ～와(과)
- 空 kòng 시간, 틈
- 那 nà 그럼
- 礼物 lǐwù 선물

Track05-02

하나에게 전화를 건 민호. 저녁에 시간이 있는지 묻네요.
민호는 하나와 함께 윤아 선물을 사러 가고 싶나 봐요.

你现在干什么？
Nǐ xiànzài gàn shénme?

我跟哥哥学汉语。
Wǒ gēn gēge xué Hànyǔ.

晚上有空吗？
Wǎnshang yǒu kòng ma?

晚上有空。
Wǎnshang yǒu kòng.

那，跟我一起买礼物吧！
Nà, gēn wǒ yìqǐ mǎi lǐwù ba!

好，晚上见！
Hǎo, wǎnshang jiàn!

표현
즐기기

Track05-03

1 ~에게 跟

跟 gēn은 跟+사람+동작의 형식으로 사용하는데, 뒤에 '배우다 学 xué', '원하다 要 yào', '말하다 说 shuō' 등의 동작이 오면 '~에게(서), ~한테(서)'의 뜻이 됩니다.

你跟谁学英语? 너 누구한테 영어 배우니?
Nǐ gēn shéi xué Yīngyǔ?

我跟老师学英语。 난 선생님께 영어를 배워.
Wǒ gēn lǎoshī xué Yīngyǔ.

他跟你要什么? 그 사람이 너한테 무엇을 원해?
Tā gēn nǐ yào shénme?

他跟我要钱。 그 사람이 나에게 돈을 원해.
Tā gēn wǒ yào qián.

她跟你说什么? 그녀가 너에게 뭐라고 하니?
Tā gēn nǐ shuō shénme?

她后天过生日。 그녀는 모레 생일이래.
Tā hòutiān guò shēngrì.

英语 Yīngyǔ 영어 | 钱 qián 돈 | 说 shuō 말하다

2 ~와(과) 跟

> 跟 gēn은 58쪽의 형식을 빼면, 대부분 '~와, ~과'라는 뜻으로 쓰입니다. 이럴 땐 跟 대신에 和 hé를 쓰기도 하고, 동작 앞에 '함께'라는 뜻의 一起 yìqǐ를 넣어 주기도 합니다.

你跟谁去电影院? 너는 누구와 영화관에 가니?
Nǐ gēn shéi qù diànyǐngyuàn?

我跟朋友去电影院。 난 친구와 영화관에 가.
Wǒ gēn péngyou qù diànyǐngyuàn.

你跟谁一起买蛋糕? 넌 누구와 함께 케이크를 사니?
Nǐ gēn shéi yìqǐ mǎi dàngāo?

我跟允儿一起买蛋糕。 난 윤아와 함께 케이크를 사.
Wǒ gēn Yǔn'ér yìqǐ mǎi dàngāo.

你和谁一起吃饭? 넌 누구와 함께 밥을 먹니?
Nǐ hé shéi yìqǐ chī fàn?

我和姐姐一起吃饭。 난 언니와 함께 밥을 먹어.
Wǒ hé jiějie yìqǐ chī fàn.

电影院 diànyǐngyuàn 영화관 | 蛋糕 dàngāo 케이크 | 和 hé ~와(과)

잘 듣고 쓰기 听听

배운 내용을 들으며 복습해 보아요.

1 녹음을 잘 듣고 빈칸에 알맞은 한어병음을 써 보세요.
Track05-05

① Y ____ ____ y ____

② d ____ ____ n ____ y u

③ d ____ g ____

2 녹음을 잘 듣고 성조를 표기해 보세요.
Track05-06

① You kong ma?

② gen shei qu

③ Ni gen shei xue Yingyu?

④ Wo gen Yun'er yiqi mai dangao.

3 녹음을 잘 듣고 다음 친구들이 누구와 어떤 행동을 하려는지 연결해 보세요.
Track05-07

① 　　　② 　　　③

说说

그림 보고
말하기

자신 있게 말해 보아요.

1 다음 그림을 보고 대화를 완성한 후 큰 소리로 말해 보세요.

①

朋友

Tā gēn shéi qù diànyǐngyuàn?

A 他跟谁去电影院?

B 他 _____。

②

Nǐ gēn shéi xué Yīngyǔ?

A 你跟谁学英语?

B 我 _____。

③

Tā gēn shéi yìqǐ mǎi dàngāo?

A 他跟谁一起买蛋糕?

B 他 _____。

④

Nǐ hé shéi yìqǐ chī fàn?

A 你和谁一起吃饭?

B 我 _____。

똑똑한 단어

生词

민호의 하루 일과, 중국어로 뭐라고 할까요?

23 2
22
21
20
19
18
17
16
15
14
13 1

⑯ 休息
xiūxi
휴식하다

⑮ 复习
fùxí
복습하다

⑭ 看电视
kàn diànshì
텔레비전을 보다

⑬ 运动
yùndòng
운동하다

⑫ 吃晚饭
chī wǎnfàn
저녁 식사를 하다

⑪ 上补习班
shàng
bǔxíbān
학원에 가다

⑩ 回家
huí jiā
귀가하다

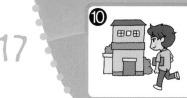

⑨ 下课
xià kè
수업이 끝나다

⑧ 吃午饭
chī wǔfàn
점심 식사를 하다

17 睡觉
shuì jiào
잠자다

❶ 起床
qǐ chuáng
일어나다

❷ 洗脸
xǐ liǎn
세수하다

❸ 刷牙
shuā yá
양치하다

❹ 穿衣服
chuān yīfu
옷을 입다

❺ 吃早饭
chī zǎofàn
아침 식사를 하다

❻ 去学校
qù xuéxiào
학교에 가다

❼ 上课
shàng kè
수업하다

Track06-01

第六课

너 누구에게 전화하니?

你给谁打电话?

Nǐ gěi shéi dǎ diànhuà?

이 과에서는요!

민호가 하나에게 전화하는 모습을 어머니께서 보셨나 봐요.

윤아를 위해 선물을 준비한다는 말은 어떻게 할까요?

이번 과에서는 '~에게 ~하다', '~에게 ~해 주다'와

'~를 위해'라는 표현에 대해 배워 봐요.

표현
쏙쏙

1 ~에게 ~하다 给
~에게 ~해 주다

2 ~를 위해 为

단어
쏙쏙

· **给** gěi ~에게 ~하다, ~에게 ~해 주다

· **打** dǎ 때리다, 하다

· **电话** diànhuà 전화

· **事** shì 일

· **为** wèi ~를 위해서

· **准备** zhǔnbèi 준비하다

민호네 어머니께서는 민호와 하나가 무슨 일로 통화하는지 궁금하신가 봐요. 민호는 윤아의 생일이라 선물을 준비하려 한다고 대답합니다.

你给谁打电话?

Nǐ gěi shéi dǎ diànhuà?

我给荷娜打电话。

Wǒ gěi Hénà dǎ diànhuà.

有什么事?

Yǒu shénme shì?

后天允儿过生日。

Hòutiān Yǔn'ér guò shēngrì.

你们为她准备礼物吗?

Nǐmen wèi tā zhǔnbèi lǐwù ma?

是的。我们一起准备礼物。

Shìde.　　Wǒmen yìqǐ zhǔnbèi lǐwù.

Track06-03

1 ~에게 ~하다, ~에게 ~해 주다 — 给

给 gěi는 원래 '~에게 ~을 주다'라는 뜻이었죠? 그런데 给+사람+동작의 형식으로 쓰이면 '~에게 ~하다', '~에게 ~해 주다'라는 뜻이 됩니다.

你给谁打电话? 너 누구에게 전화하니?
Nǐ gěi shéi dǎ diànhuà?

我给爷爷打电话。 난 할아버지께 전화를 해.
Wǒ gěi yéye dǎ diànhuà.

谁给你买连衣裙? 누가 너에게 원피스를 사 주니?
Shéi gěi nǐ mǎi liányīqún?

妈妈给我买连衣裙。 어머니께서 나에게 원피스를 사 주셔.
Māma gěi wǒ mǎi liányīqún.

你给爸爸做什么? 너 아버지께 뭘 만들어 드리니?
Nǐ gěi bàba zuò shénme?

我给爸爸煮方便面。 난 아버지께 라면을 끓여 드려.
Wǒ gěi bàba zhǔ fāngbiànmiàn.

爷爷 yéye 할아버지 | 连衣裙 liányīqún 원피스
煮 zhǔ 삶다, 끓이다 | 方便面 fāngbiànmiàn 라면

2 ~를 위해 为

为 wèi도 역시 为+사람+동작의 형식으로 쓰여서 '~를 위해 ~을 하다'라는 뜻이 되는데, 때에 따라서는 为了 wèile를 쓰기도 합니다.

 这是为你准备的礼物。 이건 널 위해 준비한 선물이야.
Zhè shì wèi nǐ zhǔnbèi de lǐwù.

 太好看了，谢谢你。 정말 예쁘다, 고마워.
Tài hǎokàn le, xièxie nǐ.

 这是你买的吧? 이거 네가 산 거지?
Zhè shì nǐ mǎi de ba?

 是的，这是为妈妈买的帽子。
Shìde, zhè shì wèi māma mǎi de màozi.
그래, 이건 엄마를 위해 산 모자야.

 잠깐!

吧 ba는 명령을 하거나 제안하는 것 외에, '~한 거죠?, ~한 거지?' 라고 추측할 때에도 문장 끝에 넣어 줍니다.

你是中国人吧? 당신은 중국인이죠? [추측]
Nǐ shì Zhōngguórén ba?

她明天不来吧? 그녀는 내일 안 오지? [추측]
Tā míngtiān bù lái ba?

好看 hǎokàn 예쁘다 | 谢谢 xièxie 감사하다 | 帽子 màozi 모자

잘 듣고 쓰기 听 听

배운 내용을 들으며 복습해 보아요.

Track06-05

1 녹음을 잘 듣고 빈칸에 알맞은 한어병음을 써 보세요.

① l ⬜ ⬜ y ⬜ q

② f ⬜ ⬜ b ⬜ n m

③ d ⬜ i ⬜ h

Track06-06

2 녹음을 잘 듣고 성조를 표기해 보세요.

① Xiexie ni!

② zhunbei de liwu

③ gei ni mai lianyiqun

④ Zhe shi wei mama mai

de maozi.

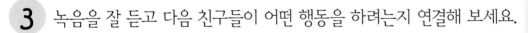

Track06-07

3 녹음을 잘 듣고 다음 친구들이 어떤 행동을 하려는지 연결해 보세요.

① 　　　② 　　　③

1 다음 그림을 보고 대화를 완성한 후 큰 소리로 말해 보세요.

①

A 这是 _____ 的礼物。

Tài hǎokàn le, xièxie nǐ.

B 太好看了, 谢谢你。

②

Zhè shì nǐ mǎi de ba?

A 这是你买的吧?

B 是的, 这是 _____
的帽子。

③

A _____?

Māma gěi wǒ mǎi liányīqún.

B 妈妈给我买连衣裙。

④

Nǐ gěi shéi dǎ diànhuà?

A 你给谁打电话?

B _____。

中国故事
즐거운
중국 이야기

중국의 선물 문화

중국인들은 전통적으로 빨간색을 좋아한대요. 그래서 기쁜 일이 있거나 축하할 일이 생기면 빨간색 봉투에 돈을 넣어 주거나, 빨간색 포장지로 예쁘게 싸서 선물한답니다.

그런데 만약 중국인들에게 흰색 봉투나 흰색으로 포장한 선물을 주게 되면, 큰 실례가 된다고 하네요. 이유는 흰색은 장례식에서 쓰는 색깔이기 때문이랍니다.

雨伞 yǔsǎn

闹钟 nàozhōng

挂钟 guàzhōng

그럼 중국인들에게 주어서는 안 될 선물, 어떤 것이 있을까요?

중국인들은 불길한 글자와 같은 발음이 나는 물건은 절대 선물하지 않는대요. 그래서 우리가 '숫자 4(四 sì)'를 '죽을 사(死 sǐ)' 자와 연관시켜 꺼려하듯이 중국인들도 '숫자 4(四 sì)' 자가 있는 물건은 선물하지 않고, 우산(雨伞 yǔsǎn)도 伞 sǎn이 '흩어지다', '이별하다'는 뜻의 散 sàn과 발음이 비슷해서 선물하지 않아요. 또 시계(闹钟 nàozhōng 알람 시계, 挂钟 guàzhōng 벽걸이 시계)는 钟 zhōng이 '끝나다', '죽다'의 뜻을 가진 终 zhōng과 발음이 같아서 역시 선물하지 않는다고 하네요.

第七课

Track07-01

너 거기서 뭐 해?

你在那儿干什么？

Nǐ zài nàr gàn shénme?

이 과에서는요!

언제나 덜렁거리는 민호가 하나랑 한 약속을 잊어버렸대요.

아마도 게임 삼매경에 빠졌던 모양입니다.

이번 과에서는 장소를 나타내는 '~에서'와

'어떻게'라는 표현에 대해 배워 봐요.

1 ~에서  在

2 어떻게 怎么

- 网吧 wǎngbā PC방
- 怎么 zěnme 어떻게, 어째서
- 这样 zhèyàng 이렇게
- 对了 duì le 맞다[무슨 일이 생각났을 때 씀]
- 约会 yuēhuì 약속

Track07-02

생일 선물을 사러 가자던 민호가 약속을 잊고 컴퓨터 게임 삼매경에 빠져 있어요. 민호가 오기를 마냥 기다리던 하나가 화가 많이 났네요.

你在哪儿？

Nǐ zài nǎr?

我在网吧。

Wǒ zài wǎngbā.

你在那儿干什么？

Nǐ zài nàr gàn shénme?

在这儿玩儿电脑。

Zài zhèr wánr diànnǎo.

你怎么这样，你不买礼物吗？

Nǐ zěnme zhèyàng, nǐ bù mǎi lǐwù ma?

对了！ 我们今天有约会！

Duì le!　　Wǒmen jīntiān yǒu yuēhuì!

1 ~에서 在

> 在 zài 는 원래 뒤에 장소가 와서 '~에 있다'라는 뜻이라고 배웠죠? 그런데
> 在+장소+동작의 형식으로 쓰이면 '~에서 ~을 하다'라는 뜻이 됩니다.

 你在家干什么? 너 집에서 뭐 하니?
Nǐ zài jiā gàn shénme?

 我在家复习功课。 나 집에서 수업 내용 복습해.
Wǒ zài jiā fùxí gōngkè.

 你爸爸在哪儿工作? 네 아버지께서는 어디에서 일하시니?
Nǐ bàba zài nǎr gōngzuò?

 我爸爸在银行工作。 제 아버지께서는 은행에서 일하세요.
Wǒ bàba zài yínháng gōngzuò.

 我们在这儿吃饭吧! 우리 여기에서 밥 먹자!
Wǒmen zài zhèr chī fàn ba!

 好! 就在这儿吧! 그래! 여기에서 먹자!
Hǎo! Jiù zài zhèr ba!

复习 fùxí 복습하다 | 功课 gōngkè 학습 내용 | 工作 gōngzuò 일, 일하다 | 银行 yínháng 은행

Track07-04

2 어떻게 怎么

怎么 zěnme 는 '어떻게', '어째서'라는 뜻입니다. 뒤에 동작이 와서 '어떻게 ~하느냐'라고 물을 때도 쓰고, 또 뒤에 **样 yàng** 이라는 단어가 붙은 **怎么样 zěnmeyàng** 은 '(상태가) 어떠냐'라고 물어볼 때 씁니다. 그리고 '이렇게'라는 뜻의 **这样 zhèyàng** 이 뒤에 붙으면 '어떻게 이럴 수 있느냐'는 뜻이 됩니다.

你的名字怎么写？　네 이름은 어떻게 쓰니?
Nǐ de míngzi zěnme xiě?

这样写。　이렇게 써.
Zhèyàng xiě.

这件衣服怎么样？　이 옷 어때?
Zhè jiàn yīfu zěnmeyàng?

这件衣服非常好看！　이 옷 굉장히 예뻐!
Zhè jiàn yīfu fēicháng hǎokàn!

我不给你钱。　너한테 돈 안 줄 거야.
Wǒ bù gěi nǐ qián.

妈妈，你怎么这样！　엄마, 어떻게 이럴 수가 있어요!
Māma, nǐ zěnme zhèyàng!

名字 míngzi 이름 | 写 xiě 쓰다 | 件 jiàn 벌[옷을 세는 양사]
非常 fēicháng 굉장히, 매우 | 钱 qián 돈

잘 듣고 쓰기

听 听

배운 내용을 들으며 복습해 보아요.

Track07-05

1 녹음을 잘 듣고 빈칸에 알맞은 한어병음을 써 보세요.

① y 　　 h

② f 　　 g 　　 k

③ f 　　 h

Track07-06

2 녹음을 잘 듣고 성조를 표기해 보세요.

① zai yinhang gongzuo

② zenme zheyang

③ Ni de mingzi zenme xie?

④ Zhe jian yifu feichang haokan!

3 녹음을 잘 듣고 다음 친구들이 어떤 행동을 하려는지 연결해 보세요.

Track07-07

①

②

③

그림 보고 말하기

자신 있게 말해 보아요.

1 다음 그림을 보고 대화를 완성한 후 큰 소리로 말해 보세요.

①

A 这件衣服＿＿＿＿＿＿？

Zhè jiàn yīfu fēicháng hǎokàn.

B 这件衣服非常好看。

②

A 你的名字＿＿＿＿＿？

Zhèyàng xiě.

B 这样写。

③

银行

Nǐ bàba zài nǎr gōngzuò?

A 你爸爸在哪儿工作？

B 我爸爸＿＿＿＿＿＿＿。

④

汉语

Nǐ zài jiā gàn shénme?

A 你在家干什么？

B 我＿＿＿＿＿＿＿＿。

즐거운
중국 이야기

中国故事

중국의 PC방

중국의 청소년들은 여가 시간을 어떻게 보낼까요?

대부분의 중국 학생들도 우리나라 청소년들과 마찬가지로 인터넷을 하며 여가를 보낸다고 합니다. 그중에서도 남학생들이 PC방(网吧 wǎngbā)에서 시간을 보내는 경우가 많다

고 하는데요, 우리나라에서 인기가 많은 게임들이 중국에서도 인기가 많대요. 인터넷 게임은 만국 공통의 취미 생활인가 봅니다.

그럼 인터넷 게임을 한다는 말은 어떻게 말할까요?

바로 上网玩游戏 shàng wǎng wán yóuxì 라고 합니다.

网吧 wǎngbā

유행하는 인터넷 게임의 이름을 중국어로 어떻게 말하는지
한번 볼까요?

서든어택	突袭 Tūxí
스타크래프트	星际争霸 Xīngjì Zhēngbà
워크래프트	魔兽争霸 Móshòu Zhēngbà
WOW	魔兽世界 Móshòu Shìjiè
리니지	天堂 Tiāntáng
스페셜포스	特种部队 Tèzhǒng Bùduì
던전엔파이터	地下城与勇士 Dìxiàchéng Yǔ Yǒngshì
메이플스토리	冒险岛 Màoxiǎndǎo
카트라이더	跑跑卡丁车 Pǎopǎo Kǎdīngchē

魔兽世界 Móshòu Shìjiè

冒险岛 Màoxiǎndǎo

跑跑卡丁车 Pǎopǎo Kǎdīngchē

Track08-01

우리 어디 가서 선물 살까?

我们去哪儿买礼物？
Wǒmen qù nǎr mǎi lǐwù?

我们去哪儿买礼物？
Wǒmen qù nǎr mǎi lǐwù?

去百货商店买礼物。
Qù bǎihuò shāngdiàn mǎi lǐwù.

이 과에서는요!

민호는 선물을 사기 위해 하나를 만났는데,
어디로 갈지는 생각을 안 했나 봐요.
우리 쇼핑의 달인인 하나에게 물어볼까요?

이번 과에서는 두 동작을 연결하는 방법과
'교통수단 타기'와 관련된 표현에 대해 배워 봐요.

표현
쏙쏙

1 두 동작 연결하기

2 교통수단 타기 坐 / 骑

단어
쏙쏙

· 百货商店 bǎihuò shāngdiàn 백화점
· 文具 wénjù 문구
· 坐 zuò 타다, 앉다
· 公共汽车 gōnggòng qìchē 버스

Track08-02

우리 어디 가서 선물 살까?

백화점에 가서 선물 사자.

무슨 선물을 사지?

문구를 사는 게 어떨까?

좋아! 우리 어떻게 가지?

버스 타고 가자.

윤아의 생일 선물을 사기 위해 만난 민호와 하나.
어디에 가서 어떤 선물을 사려고 하는 걸까요? 함께 가 봐요!

我们去哪儿买礼物？

Wǒmen qù nǎr mǎi lǐwù?

去百货商店买礼物。

Qù bǎihuò shāngdiàn mǎi lǐwù.

买什么礼物？

Mǎi shénme lǐwù?

买文具怎么样？

Mǎi wénjù zěnmeyàng?

好！我们怎么去？

Hǎo!　　Wǒmen zěnme qù?

坐公共汽车去。

Zuò gōnggòng qìchē qù.

Track08-03

1 두 동작 연결하기

'백화점에 가서 선물을 사다'처럼 두 동작을 연결해서 표현할 때는 백화점에 간다 去百货商店 qù bǎihuò shāngdiàn과 선물을 산다 买礼物 mǎi lǐwù 라는 두 동작을 시간 순서대로 연결하면 됩니다. 참, 간단하지요?

我们买什么吃？　우리 뭐 사 먹지?
Wǒmen mǎi shénme chī?

我们买汉堡包吃吧！　우리 햄버거 사 먹자.
Wǒmen mǎi hànbǎobāo chī ba!

你来我家玩儿吧！　너 우리 집에 놀러 와!
Nǐ lái wǒ jiā wánr ba!

对不起，我今天很忙！　미안, 나 오늘은 아주 바빠!
Duìbuqǐ, wǒ jīntiān hěn máng!

你们去中国干什么？　너희들 중국에 가서 뭐 할 거니?
Nǐmen qù Zhōngguó gàn shénme?

我们去中国旅游。　우리는 중국에 가서 여행하려고요.
Wǒmen qù Zhōngguó lǚyóu.

汉堡包 hànbǎobāo 햄버거 | 对不起 duìbuqǐ 미안하다, 죄송하다 | 旅游 lǚyóu 여행하다

2 교통수단 타기 坐 / 骑

'(교통수단을) 타다'라는 표현을 할 때는 **坐 zuò**와 **骑 qí**를 쓰는데, 버스나 비행기, 지하철 같이 좌석이 있는 것은 **坐**를, 오토바이나 자전거를 탈 때에는 **骑**를 씁니다.

你坐飞机去釜山吗?   너 비행기 타고 부산에 가니?
Nǐ zuò fēijī qù Fǔshān ma?

不，我坐火车去。   아니, 난 기차 타고 가.
Bù, wǒ zuò huǒchē qù.

他坐公共汽车来吗?   그는 버스를 타고 오니?
Tā zuò gōnggòng qìchē lái ma?

不，他坐地铁来。   아니, 그는 지하철을 타고 와.
Bù, tā zuò dìtiě lái.

你哥哥骑摩托车去学校吗?
Nǐ gēge qí mótuōchē qù xuéxiào ma?
너희 형은 오토바이를 타고 학교에 가니?

不，他骑自行车去。   아니, 형은 자전거를 타고 가.
Bù, tā qí zìxíngchē qù.

飞机 fēijī 비행기 | 釜山 Fǔshān 부산 | 火车 huǒchē 기차 | 地铁 dìtiě 지하철
摩托车 mótuōchē 오토바이 | 自行车 zìxíngchē 자전거

잘 듣고 쓰기

배운 내용을 들으며 복습해 보아요.

Track08-05

1 녹음을 잘 듣고 빈칸에 알맞은 한어병음을 써 보세요.

① h   b   o

② l   u

③ m   u   c

Track08-06

2 녹음을 잘 듣고 성조를 표기해 보세요.

① Duibuqi.   ② qi zixingche

③ mai hanbaobao chi   ④ Ni zuo feiji qu Fushan ma?

Track08-07

3 녹음을 잘 듣고 다음 친구들이 어떤 행동을 하려는지 연결해 보세요.

①   ②   ③

说说

그림 보고 말하기

자신 있게 말해 보아요.

1 다음 그림을 보고 대화를 완성한 후 큰 소리로 말해 보세요.

①

Tā zěnnme qù?

A 他怎么去?

B 他坐＿＿＿＿＿＿＿。

②

Nǐ gēge qí mótuōchē qù xuéxiào ma?

A 你哥哥骑摩托车去学校吗?

B 不, 他＿＿＿＿＿＿＿。

③

A 他们＿＿＿＿＿＿＿?

Tāmen qù Zhōngguó lǚyóu.

B 他们去中国旅游。

④

Tā mǎi shénme chī?

A 他买什么吃?

B 他＿＿＿＿＿＿＿。

교통수단, 중국어로 뭐라고 할까요?

Track08-08

公共汽车
gōnggòng qìchē   버스

社区巴士
shèqū bāshì   마을버스

地铁
dìtiě   지하철

出租车
chūzūchē   택시

火车
huǒchē   기차

船
chuán   배

飞机
fēijī   비행기

自行车
zìxíngchē   자전거

摩托车
mótuōchē   오토바이

Track08-09

三轮车
Sānlúnchē

三轮车跑得快。
Sānlúnchē pǎo de kuài.

上面坐个老太太。
Shàngmian zuò ge lǎo tàitai.

要五毛，给一块。
Yào wǔ máo, gěi yí kuài.

你说奇怪不奇怪？
Nǐ shuō qíguài bu qíguài?

삼륜차

삼륜차가 빨리 달려요.
위에 할머니 한 분이 타고 있어요.
0.5위안을 달라고 했는데, 1위안을 주십니다.
이상하지 않아요?

1 다음 그림과 한어병음을 보고 빈칸에 알맞은 한자를 써 보세요.

①

Nǐ gēn shéi yìqǐ mǎi dàngāo?

A 你＿＿＿谁＿＿＿买蛋糕?

Wǒ gēn Yǔn'ér yìqǐ mǎi dàngāo.

B 我＿＿＿允儿＿＿＿买蛋糕。

②

Zhè shì wèi nǐ zhǔnbèi de lǐwù.

A 这是＿＿＿你准备的＿＿＿。

Tài hǎokàn le, xièxie nǐ.

B 太＿＿＿了, 谢谢你。

③

Nǐ zài jiā gàn shénme?

A 你＿＿＿家＿＿＿什么?

Wǒ zài jiā fùxí gōngkè.

B 我＿＿＿家＿＿＿功课。

④

Nǐ gěi shéi dǎ diànhuà?

A 你＿＿＿谁＿＿＿电话?

Wǒ gěi Hénà dǎ diànhuà.

B 我＿＿＿荷娜＿＿＿电话。

2 다음 그림을 보고 질문에 알맞은 대답을 고르세요.

①

这是为你准备的礼物。

❶ 对不起。

❷ 太好看了, 谢谢你!

❸ 你怎么这样!

②

你现在干什么?

❶ 我跟姐姐吃午饭。

❷ 我跟哥哥看电视。

❸ 我跟朋友一起玩儿。

③

你在那儿干什么?

❶ 在这儿看书。

❷ 在这儿玩儿电脑。

❸ 在这儿学汉语。

④

你坐什么去釜山?

❶ 坐火车去。

❷ 坐飞机去。

❸ 骑摩托车去。

Track09-01

난 인형을 살 거야.

我要买娃娃。

Wǒ yào mǎi wáwa.

我要买娃娃。
Wǒ yào mǎi wáwa.

你不要买娃娃!
Nǐ búyào mǎi wáwa!

이 과에서는요!

민호와 하나는 백화점 문구 코너에서 선물을 고르고 있어요.

그런데 민호는 선물 고르는 게 어려운가 봐요. 우리 함께 민호를 도와줄까요?

이번 과에서는 '~하려고 하다'와 '~해야 한다'라는

두 가지 뜻을 가진 단어에 대해 배워 봐요.

1 ~하려고 하다 要

2 ~해야 한다 要

- **要** yào ~하려고 하다, ~해야 한다
- **铅笔盒** qiānbǐhé 필통
- **娃娃** wáwa 인형
- **不要** búyào ~하면 안 된다
- **喜欢** xǐhuan 좋아하다

Track09-02

민호와 하나는 백화점 문구 코너에서 윤아에게 어울리는 선물을 고릅니다.
그런데 하나가 민호에게 인형은 사지 말라고 하네요. 왜일까요?

你要买什么？

Nǐ yào mǎi shénme?

我要买铅笔盒，你呢？

Wǒ yào mǎi qiānbǐhé, nǐ ne?

我要买娃娃。

Wǒ yào mǎi wáwa.

你不要买娃娃！

Nǐ búyào mǎi wáwa!

为什么？

Wèishénme?

允儿不喜欢娃娃。

Yǔn'ér bù xǐhuan wáwa.

Track09-03

1 ~하려고 하다 要

1권에서 배운 **要 yào**는 '~을 원하다'라는 뜻이었죠? 그런데 **要** 뒤에 동작이 오면 '~하려고 하다', '~하길 원하다'라는 뜻이 됩니다. 이때 반대 표현은 '~하고 싶지 않다'는 뜻의 **不想 bù xiǎng**을 써야 해요.

你要看什么? 너 뭐 보려고?
Nǐ yào kàn shénme?

我要看动画片。 난 애니메이션 볼 거야.
Wǒ yào kàn dònghuàpiàn.

你要去哪儿? 너 어디 가려고?
Nǐ yào qù nǎr?

我要去洗手间。 나 화장실 가려고.
Wǒ yào qù xǐshǒujiān.

你要买裤子吗? 너 바지 사려고?
Nǐ yào mǎi kùzi ma?

我不想买裤子。 나 바지 안 사고 싶어.
Wǒ bù xiǎng mǎi kùzi.

看 kàn 보다 | 动画片 dònghuàpiàn 애니메이션 | 洗手间 xǐshǒujiān 화장실
裤子 kùzi 바지

2 ~해야 한다  要

要 yào 뒤에 동작이 올 땐 '~해야 한다'라는 의미도 있습니다. 주로 상대방에게 명령이나 권유를 할 때 많이 쓰겠죠? 반대 표현은 **不要 búyào**를 사용하여 '~하지 마!'라고 하면 됩니다.

 妈妈，我不喜欢辛奇！　엄마, 전 김치를 좋아하지 않아요!
Māma, wǒ bù xǐhuan xīnqí!

 为了健康，你要吃辛奇！　건강을 위해서, 김치를 먹어야 해!
Wèile jiànkāng, nǐ yào chī xīnqí!

 这瓶可乐怎么样？　이 콜라 어떠니?
Zhè píng kělè zěnmeyàng?

 不好喝，你不要喝！　맛없어, 너 마시지 마!
Bù hǎohē, nǐ búyào hē!

 잠깐!

喜欢 xǐhuan은 '좋아하다'라는 뜻입니다.

我喜欢她。난 그녀를 좋아해.
Wǒ xǐhuan tā.

我不喜欢数学！난 수학을 좋아하지 않아!
Wǒ bù xǐhuan shùxué!

辛奇 xīnqí 김치 | 为了 wèile ~를 위해서 | 健康 jiànkāng 건강, 건강하다
瓶 píng 병[병에 담긴 것을 세는 양사] | 可乐 kělè 콜라 | 好喝 hǎohē (마시는 것이) 맛있다

잘 듣고 쓰기

배운 내용을 들으며 복습해 보아요.

Track09-05

1 녹음을 잘 듣고 빈칸에 알맞은 한어병음을 써 보세요.

① q   b

② d   u   p

③   s h   j

Track09-06

2 녹음을 잘 듣고 성조를 표기해 보세요.

① bu xihuan

② buyao mai

③ Ni yao qu xishoujian ma?

④ Weile jiankang, ni yao chi xinqi!

Track09-07

3 녹음을 잘 듣고 다음 친구들이 어떤 행동을 하려는지 연결해 보세요.

①

②

③

④

102   맛있는 주니어 중국어 2

그림 보고
말하기

자신 있게 말해 보아요.

1 다음 그림을 보고 대화를 완성한 후 큰 소리로 말해 보세요.

①

Nǐ yào qù nǎr?

A 你要去哪儿?

B 我_____。

②

Nǐ yào mǎi kùzi ma?

A 你要买裤子吗?

B 我_____。

③

Zhè píng kělè zěnmeyàng?

A 这瓶可乐怎么样?

B 不好喝, 你_____!

④

Māma, wǒ bù xǐhuan xīnqí.

A 妈妈, 我不喜欢辛奇。

B 为了健康, 你_____!

铅笔
qiānbǐ　연필

自动铅笔
zìdòng qiānbǐ　샤프

圆珠笔
yuánzhūbǐ　볼펜

尺子
chǐzi　자

橡皮
xiàngpí　지우개

剪刀
jiǎndāo　가위

胶水
jiāoshuǐ　풀

便条
biàntiáo　메모지

修改带
xiūgǎidài　수정 테이프

小耗子
Xiǎohàozi

小耗子上灯台。
Xiǎohàozi shàng dēngtái.

偷油吃，下不来。
Tōu yóu chī, xià bu lái.

叫奶奶，奶奶不来。
Jiào nǎinai, nǎinai bù lái.

叽里咕噜，滚下来。
Jīli gūlū, gǔn xiàlai.

생쥐

생쥐가 등잔대에 올라가요.
기름을 훔쳐 먹고, 내려오질 못하네요.
할머니를 부르는데, 할머니께서 오시지 않아요.
데굴데굴 굴러서 내려와요.

Track10-01

祝你生日快乐!

생일 축하해!

Zhù nǐ shēngrì kuàilè!

欢迎你们!

Huānyíng nǐmen!

祝你生日快乐!

Zhù nǐ shēngrì kuàilè!

이 과에서는요!

드디어 토요일! 윤아의 생일이라 친구들이 모두 윤아네 모였어요.

우리도 함께 윤아의 생일을 축하해 줄까요?

이번 과에서는 '~하길 바라다'와

정중하게 부탁하는 표현을 배워 봐요.

표현
쏙쏙

1 ~하길 바라다 祝

2 정중한 부탁 请

단어
쏙쏙

- 欢迎 huānyíng 환영하다
- 祝 zhù 바라다, 축복하다
- 快乐 kuàilè 즐겁다
- 送 sòng 선물하다, 보내다

- 不客气 bú kèqi 천만에요
- 请 qǐng ~해 주세요
  [정중한 부탁의 표현]
- 点心 diǎnxin 간식

함께 중국어로 대화해 보아요.

드디어 토요일! 윤아의 생일 파티가 시작되었어요.
모두들 진심으로 윤아의 생일을 축하하며 선물을 건네고, 맛있게 간식을 먹습니다.

欢迎你们!
Huānyíng nǐmen!

祝你生日快乐!
Zhù nǐ shēngrì kuàilè!

这是我们送你的礼物。
Zhè shì wǒmen sòng nǐ de lǐwù.

谢谢你们!
Xièxie nǐmen!

不客气。
Bú kèqi.

请吃点心吧!
Qǐng chī diǎnxin ba!

Track10-03

1 ~하길 바라다 祝

祝 zhù 는 '축복하다, 기원하다'의 뜻입니다. '다른 사람이 ~하길 기원하다'라고 할 때는 祝 뒤에 축복할 사람과 기원하는 내용을 넣어 표현합니다.

我今天下午回国。　나 오늘 오후에 귀국해.
Wǒ jīntiān xiàwǔ huí guó.

祝你一路平安!　가는 길 평안하길 빌게!
Zhù nǐ yílù píng'ān!

祝您新年快乐!　즐거운 새해가 되시길 빕니다!
Zhù nín xīnnián kuàilè!　(새해 복 많이 받으세요!)

祝你们身体健康!　너희들도 건강하거라!
Zhù nǐmen shēntǐ jiànkāng!　(건강하길 바란다!)

今天我过生日。　오늘 내 생일이야.
Jīntiān wǒ guò shēngrì.

祝你生日快乐!　생일 즐겁길 빌게! (생일 축하해!)
Zhù nǐ shēngrì kuàilè!

一路平安 yílù píng'ān 가는 길이 평안하다 | 身体 shēntǐ 신체, 건강

2 정중한 부탁 请

请 qǐng 은 '요청하다, 부탁하다'의 뜻입니다. '누군가가 ~해 주길 바란다'라고 정중히 부탁할 때에는 请 뒤에 부탁할 사람과 부탁할 내용을 넣어 표현하면 됩니다.

 请你喝茶!　　차 드세요!
Qǐng nǐ hē chá!

 谢谢你!　　고맙구나!
Xièxie nǐ!

 请你帮助我!　　너 나 좀 도와줘!
Qǐng nǐ bāngzhù wǒ!

好! 我帮助你。　　그래! 내가 너 도와줄게.
Hǎo! Wǒ bāngzhù nǐ.

 请你给我打电话!　　나한테 전화해 줘!
Qǐng nǐ gěi wǒ dǎ diànhuà!

好! 我一定给你打电话。　　알았어! 너한테 꼭 전화할게.
Hǎo! Wǒ yídìng gěi nǐ dǎ diànhuà.

喝茶 hē chá 차를 마시다 | 帮助 bāngzhù 돕다

잘 듣고 쓰기

배운 내용을 들으며 복습해 보아요.

1 녹음을 잘 듣고 빈칸에 알맞은 한어병음을 써 보세요.

Track10-05

① b   z

② y   p   n

③ h   t

2 녹음을 잘 듣고 성조를 표기해 보세요.

Track10-06

① Qing he cha!   ② Zhu ni shengri kuaile!

③ Zhu ni shenti jiankang!   ④ Qing ni bangzhu wo!

3 녹음을 잘 듣고 문장에 맞는 그림을 연결해 보세요.

Track10-07

①   ②   ③

그림 보고
말하기

자신 있게 말해 보아요.

1 다음 그림을 보고 대화를 완성한 후 큰 소리로 말해 보세요.

①

Wǒ jīntiān xiàwǔ huí guó.

A 我今天下午回国。

B 祝你＿＿＿＿＿＿＿＿！

②

Jīntiān wǒ guò shēngrì.

A 今天我过生日。

B 祝你＿＿＿＿＿＿＿＿！

③

A 祝您＿＿＿＿＿＿＿＿！

Zhù nǐmen shēntǐ jiànkāng!

B 祝你们身体健康!

④

Qǐng nǐ gěi wǒ dǎ diànhuà!

A 请你给我打电话!

B 好! 我一定＿＿＿＿＿＿＿＿。

윤아가 받은 선물들, 중국어로 뭐라고 할까요?

Track10-08

戒指
jièzhi
반지

娃娃
wáwa
인형

发卡
fàqiǎ
머리핀

皮鞋
píxié
구두

巧克力
qiǎokèlì
초콜릿

玫瑰
méigui
장미

镜子
jìngzi
거울

笔盒
bǐhé
필통

化妆品
huàzhuāngpǐn
화장품

儿歌

중국어로 신나게 불러 보아요.

Track10-09

祝你生日快乐
Zhù nǐ shēngrì kuàilè

祝你 生 日 快 - 乐 祝你 生 日 快 - 乐 祝你
Zhù nǐ shēngrì kuài - lè Zhù nǐ shēngrì kuài - lè Zhù nǐ

生 日 快 乐 - 祝你 生 日 快 - 乐
shēngrì kuài lè - Zhù nǐ shēngrì kuài - lè

생일 축하합니다

생일 축하합니다 생일 축하합니다
생일 축하합니다 생일 축하합니다

10과 祝你生日快乐! **115**

Track11-01

난 케이크 먹고 싶어.

我想吃蛋糕。
Wǒ xiǎng chī dàngāo.

你想吃什么？
Nǐ xiǎng chī shénme?

我想吃蛋糕。
Wǒ xiǎng chī dàngāo.

이 과에서는요!

생일 축하 노래를 부르고 이제 즐거운 간식 시간!
우리 동민이가 뭘 먹고 싶어 하는지 물어볼까요?
이번 과에서는 '~하고 싶다'와 '~하는 것을 좋아하다'라는
표현에 대해 배워 봐요.

표현
쏙쏙

1 ~하고 싶다 想

2 ~하는 것을 좋아하다 喜欢

단어
쏙쏙

- 想 xiǎng ~하고 싶다
- 蛋糕 dàngāo 케이크
- 喜欢 xǐhuan ~하는 것을 좋아하다
- 果汁 guǒzhī 주스
- 最 zuì 가장, 제일

기다리고 기다리던 간식 시간입니다. 모두들 정성껏 차려진 음식들을 보고 좋아하네요.
무엇을 먼저 먹을지 고민하는 친구들. 우리도 함께 즐겨 봐요.

你想吃什么？

Nǐ xiǎng chī shénme?

我想吃蛋糕。

Wǒ xiǎng chī dàngāo.

你喜欢喝可乐吗？

Nǐ xǐhuan hē kělè ma?

我不喜欢喝可乐。

Wǒ bù xǐhuan hē kělè.

那，你喜不喜欢喝果汁？

Nà, nǐ xǐ bu xǐhuan hē guǒzhī?

我最喜欢喝果汁。

Wǒ zuì xǐhuan hē guǒzhī.

Track11-03

1 ~하고 싶다 想

想 xiǎng은 '생각하다'라는 뜻을 갖고 있지만 바로 뒤에 동작이 오면 '~하고 싶다'라는 뜻이 됩니다. '~하고 싶지 않다'라고 하려면 **不想 bù xiǎng**이라고 하면 되겠죠? 긍정과 부정을 같이 써서 물어볼 땐 **想不想 xiǎng bu xiǎng**이라고 하면 됩니다.

 你想听什么？ 너는 뭐 듣고 싶니?
Nǐ xiǎng tīng shénme?

 我想听中国歌。 난 중국 노래를 듣고 싶어.
Wǒ xiǎng tīng Zhōngguó gē.

 你想看电视吗？ 너 텔레비전 보고 싶니?
Nǐ xiǎng kàn diànshì ma?

 我不想看电视。 난 텔레비전 보고 싶지 않아.
Wǒ bù xiǎng kàn diànshì.

 你想不想去图书馆？ 너 도서관에 가고 싶어 안 가고 싶어?
Nǐ xiǎng bu xiǎng qù túshūguǎn?

 我不想去图书馆。 난 도서관에 가고 싶지 않아.
Wǒ bù xiǎng qù túshūguǎn.

听 tīng 듣다 | 歌 gē 노래 | 电视 diànshì 텔레비전 | 图书馆 túshūguǎn 도서관

2 ~하는 것을 좋아하다  喜欢

> **喜欢 xǐhuan**은 '좋아하다'라는 뜻이지만 바로 뒤에 동작이 오면 '~하는 것을 좋아하다'라는 뜻이 됩니다. 궁정과 부정을 같이 써서 물어볼 땐 **喜欢不喜欢 xǐhuan bu xǐhuan** 또는 **喜不喜欢 xǐ bu xǐhuan**으로 만들어 표현하면 됩니다.

 你喜欢做什么？　넌 뭐 하는 걸 좋아하니?
Nǐ xǐhuan zuò shénme?

 我喜欢玩儿电脑。　난 컴퓨터 하는 걸 좋아해.
Wǒ xǐhuan wánr diànnǎo.

 你喜欢不喜欢学汉语？　중국어 공부하는 거 좋아하니 안 좋아하니?
Nǐ xǐhuan bu xǐhuan xué Hànyǔ?

 我很喜欢学汉语。　난 중국이 공부하는 걸 아주 좋아해.
Wǒ hěn xǐhuan xué Hànyǔ.

 你喜不喜欢做作业？　너 숙제하는 거 좋아하니 안 좋아하니?
Nǐ xǐ bu xǐhuan zuò zuòyè?

 我不太喜欢做作业。　난 숙제하는 걸 별로 좋아하지 않아.
Wǒ bú tài xǐhuan zuò zuòyè.

做 zuò 하다 | 作业 zuòyè 숙제 | 不太 bú tài 별로 ~하지 않다

잘 듣고 **쓰기**

听 听

배운 내용을 들으며 복습해 보아요.

1 녹음을 잘 듣고 빈칸에 알맞은 한어병음을 써 보세요.

Track11-05

① b   t

② t   h   g   n

③   i   s

2 녹음을 잘 듣고 성조를 표기해 보세요.

Track11-06

① xiang chi dangao

② xi bu xihuan

③ Wo bu xiang kan dianshi.

④ Wo hen xihuan xue Hanyu.

3 녹음을 잘 듣고 다음 친구들이 어떤 행동을 하려는지 연결해 보세요.

Track11-07

①   ②   ③

说说

그림 보고 말하기

자신 있게 말해 보아요.

1 다음 그림을 보고 대화를 완성한 후 큰 소리로 말해 보세요.

①

Tā xiǎng kàn diànshì ma?

A 他想看电视吗？

B 他＿＿＿＿＿＿＿＿＿＿。

②

A 他＿＿＿＿＿＿＿＿＿？

Tā bù xiǎng qù túshūguǎn.

B 他不想去图书馆。

③

Tā xǐhuan hē kělè ma?

A 她喜欢喝可乐吗？

B 她＿＿＿＿＿＿＿＿＿。

④

A 她＿＿＿＿＿＿＿＿＿？

Tā bú tài xǐhuan zuò zuòyè.

B 她不太喜欢做作业。

中国故事

중국의 간식

간식은 중국어로 点心 diǎnxin, 小吃 xiǎochī, 零食 língshí 등으로 표현할 수 있습니다.

点心 diǎnxin은 주로 蛋糕 dàngāo(케이크), 面包 miànbāo(빵), 馒头 mántou(찐빵) 같이 식사 전후에 간단히 요기할 수 있는 먹을거리를 가리킵니다.

또한 小吃 xiǎochī는 식당이나 거리에서 파는 간단한 음식을 말하는데요, 각 지역별로 특색 있는 것들이 많아요.

点心 diǎnxin

❶ 糖葫芦 tánghúlu
❷ 羊肉串 yángròuchuàn
❸ 麻花 máhuā
❹ 鱼丸 yúwán

예를 들면 베이징을 비롯한 북쪽 지방의 糖葫芦 tánghúlu(산사열매를 꼬치에 끼워 설탕물을 바른 것), 신장 新疆 Xīnjiāng의 羊肉串 yángròuchuàn(양꼬치), 톈진 天津 Tiānjīn의 麻花 máhuā(단단한 꽈배기), 푸저우 福州 Fúzhōu의 鱼丸 yúwán(어묵 완자) 같은 먹을거리들이 있지요.

零食 língshí는 주로 상점에서 살 수 있는 巧克力 qiǎokèlì(초콜릿), 饼干 bǐnggān(비스킷)이나, 薯条 shǔtiáo(감자튀김), 爆米花 bàomǐhuā(팝콘) 같은 과자류의 식품을 말합니다.

중국 학생들은 맛있는 먹을거리가 많아 좋겠지요?

零食 língshí

너희들 이 게임 할 줄 아니?

你们会玩儿这个游戏吗?

Nǐmen huì wánr zhège yóuxì ma?

이 과에서는요!

배부르게 간식을 먹고 난 친구들에게 윤아가 재미있는 게임을 제안하네요.

모두 할 줄 모르는 게임, 윤아에게 다같이 배워 볼까요?

이번 과에서는 '~할 줄 알다'와 '~할 수 있다'라는 표현에 대해 배워 봐요.

표현
쏙쏙

1 ~할 줄 알다 会

2 ~할 수 있다 能

단어
쏙쏙

· 会 huì ~할 줄 알다

· 游戏 yóuxì 게임

· 是吗 shì ma 그렇습니까?

· 简单 jiǎndān 간단하다

· 能 néng ~할 수 있다

· 教 jiāo (~에게 ~을) 가르치다

너희들 이 게임 **할 줄 아니**?

우린 다 **할 줄 몰라**.

그래? 이 게임 아주 간단한데.

그럼, 우리에게 가르쳐 **줄 수 있어**?

좋아! 내가 가르쳐 줄게.

정말 좋다!

맛있는 간식을 다 먹고, 게임을 하자고 제안하는 윤아. 그런데 모두들 게임을 좋아하나 봐요. 할 줄 모르는 게임인데도 모두 윤아에게 가르쳐 달라고 하네요.

你们会玩儿这个游戏吗？

Nǐmen huì wánr zhège yóuxì ma?

我们都不会。

Wǒmen dōu bú huì.

是吗？　这个游戏很简单。

Shì ma?　Zhège yóuxì hěn jiǎndān.

那，你能教我们吗？

Nà, nǐ néng jiāo wǒmen ma?

好！我教你们。

Hǎo!　Wǒ jiāo nǐmen.

太好了！

Tài hǎo le!

1 ~할 줄 알다

会 huì는 바로 뒤에 동작이 오면 '(배워서) ~할 줄 알다'라는 뜻으로 쓰입니다. 선천적으로 할 수 있는 것이 아닌 열심히 노력해서 배운 후 할 수 있는 것에만 씁니다. 긍정과 부정을 같이 써서 물어볼 땐 会不会 huì bu huì라고 하면 됩니다.

你会游泳吗? 너 수영할 줄 아니?
Nǐ huì yóu yǒng ma?

我会游泳。 난 수영할 줄 알아.
Wǒ huì yóu yǒng.

他会不会说日语? 그는 일본어를 할 줄 아니 모르니?
Tā huì bu huì shuō Rìyǔ?

他不会说日语。 그는 일본어를 할 줄 몰라.
Tā bú huì shuō Rìyǔ.

你会不会弹钢琴? 너 피아노 칠 줄 아니 모르니?
Nǐ huì bu huì tán gāngqín?

我会弹钢琴。 난 피아노 칠 줄 알아.
Wǒ huì tán gāngqín.

游泳 yóu yǒng 수영하다 | 日语 Rìyǔ 일본어 | 弹 tán 치다 | 钢琴 gāngqín 피아노

2 ~할 수 있다 能

能 néng은 바로 뒤에 동작이 오면 '~할 수 있다' 또는 '~해도 된다'라는 뜻으로 쓰입니다. 긍정과 부정을 같이 써서 물어볼 땐 能不能 néng bu néng이라고 하면 됩니다.

你能帮助我吗? 너 나 도와줄 수 있니?
Nǐ néng bāngzhù wǒ ma?

我能帮助你。 나 너 도와줄 수 있어.
Wǒ néng bāngzhù nǐ.

我们明天能不能休息? 우리 내일 쉴 수 있어 없어?
Wǒmen míngtiān néng bu néng xiūxi?

明天星期天，能休息。 내일은 일요일이니까, 쉴 수 있어.
Míngtiān xīngqītiān, néng xiūxi.

妈妈，我能不能去网吧? 엄마, PC방에 가도 돼요 안 돼요?
Māma, wǒ néng bu néng qù wǎngbā?

你不能去。 너 가면 안 돼.
Nǐ bù néng qù.

休息 xiūxi 쉬다

잘 듣고 쓰기

배운 내용을 들으며 복습해 보아요.

Track12-05

1 녹음을 잘 듣고 빈칸에 알맞은 한어병음을 써 보세요.

① x   x

② t   g   q

③ y   y   g

Track12-06

2 녹음을 잘 듣고 성조를 표기해 보세요.

① shuo Riyu   ② hui bu hui

③ Wo hui you yong.   ④ Women mingtian neng

　　　　　　　　　　　　　　　bu neng xiuxi?

Track12-07

3 녹음을 잘 듣고 친구들이 뭘 할 수 있는지 연결해 보세요.

①　　　②　　　③　

说说

그림 보고 말하기

자신 있게 말해 보아요.

1 다음 그림을 보고 대화를 완성한 후 큰 소리로 말해 보세요.

①

Tāmen huì wánr zhège yóuxì ma?

A 他们会玩儿这个游戏吗？

B 他们都＿＿＿＿＿＿＿。

②

Tā huì bu huì tán gāngqín?

A 她会不会弹钢琴？

B 她＿＿＿＿＿＿＿。

③

A 我们明天＿＿＿＿＿＿？

Míngtiān wǒmen néng xiūxi.

B 明天我们能休息。

④

Māma, wǒ néng bu néng qù wǎngbā?

A 妈妈，我能不能去网吧？

B 你＿＿＿＿＿！

중국의 전통 놀이 孔明锁

중국에서는 예전부터 지능 개발을 위한 놀이 및 장난감이 많이 생겨났는데, 그중 공명쇄(孔明锁 kǒngmíngsuǒ)는 지혜로운 사람의 대명사인 제갈공명 诸葛孔明 Zhūgě Kǒngmíng의 이름을 따서 만든 장난감입니다.

전설에는 제갈공명이 직접 이 장난감을 만들었다고도 하는데요, 가운데가 파인 나무 막대기와 가운데가 튀어나온 나무 막대기 여러 개를 못이나 끈 없이 서로 연결하는 장난감이래요. 완성된 모양은 대부분 입체적인 십자가 모양인데, 일단 한번 완성을 하려면 열심히 머릿속으로 생각하고 고민해야 한대요. 그만큼 어렵다는 이야기이겠죠?

孔明锁 kǒngmíngsuǒ

그래서 이 장난감을 가지고 놀게 되면 IQ 향상에 도움이 되고, 스트레스를 풀 수 있다고 해서 많은 사람들에게 주목을 받고 있답니다.

9~12과를 공부하고 실력을 점검해 보세요.

1 다음 그림과 한어병음을 보고 빈칸에 알맞은 한자를 써 보세요.

①

Nǐ yào mǎi kùzi ma?

A 你＿＿＿买裤子吗?

Wǒ bù xiǎng mǎi kùzi.

B 我不＿＿＿买裤子。

②

Zhù nín xīnnián kuàilè!

A ＿＿＿您新年＿＿＿＿!

Zhù nǐmen shēntǐ jiànkāng!

B ＿＿＿你们＿＿＿＿健康!

③

Nǐ xǐhuan hē kělè ma?

A 你＿＿＿＿喝可乐吗?

Wǒ bù xǐhuan hē kělè.

B 我不＿＿＿＿喝可乐。

④

Nǐ néng bāngzhù wǒ ma?

A 你能＿＿＿我吗?

Wǒ néng bāngzhù nǐ.

B 我能＿＿＿你。

2 다음 그림을 보고 질문에 알맞은 대답을 고르세요.

①

你要去哪儿?

❶ 我要去洗手间。

❷ 我要去朋友家。

❸ 我要去釜山。

②

你喜欢做什么?

❶ 我喜欢买衣服。

❷ 我喜欢看电影。

❸ 我喜欢玩儿电脑。

③

你想吃什么?

❶ 我想吃蛋糕。

❷ 我想吃中国菜。

❸ 我想吃汉堡包。

④

你会做什么?

❶ 我会游泳。

❷ 我会弹钢琴。

❸ 我会说日语。

NEW 맛있는
주니어 중국어
②

1과 18쪽 · 19쪽

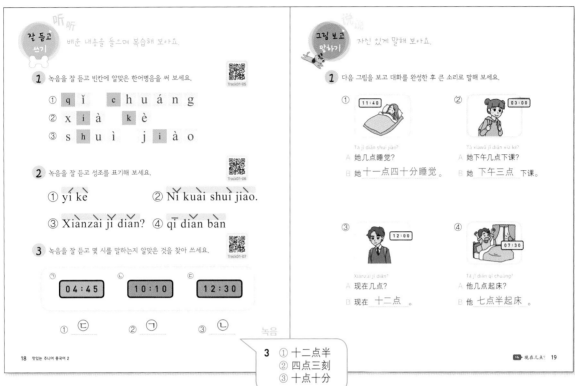

3
① 十二点半
② 四点三刻
③ 十点十分

2과 28쪽 · 29쪽

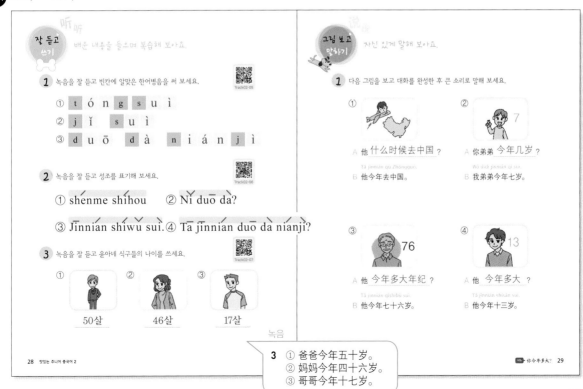

3
① 爸爸今年五十岁。
② 妈妈今年四十六岁。
③ 哥哥今年十七岁。

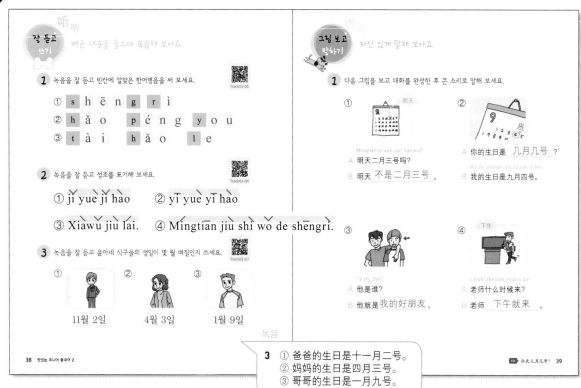

3과 38쪽 · 39쪽

잘 듣고 쓰기 听听 배운 내용을 들으며 복습해 보아요.

1 녹음을 잘 듣고 빈칸에 알맞은 한어병음을 써 보세요. Track03-05

① s h ē n g r ì
② h ǎ o   p é n g y o u
③ t à i   h ǎ o   l e

2 녹음을 잘 듣고 성조를 표기해 보세요. Track03-06

① ji yue ji hao ② yi yue yi hao
③ Xiawu jiu lai. ④ Mingtian jiu shi wo de shengri.

3 녹음을 잘 듣고 윤아네 식구들의 생일이 몇 월 며칠인지 쓰세요. Track03-07

① 11월 2일 ② 4월 3일 ③ 1월 9일

38 맛있는 주니어 중국어 2

그림 보고 말하기 看看 자신 있게 말해 보아요.

1 다음 그림을 보고 대화를 완성한 후 큰 소리로 말해 보세요.

① 明天
Mingtian er yue san hao ma?
A 明天二月三号吗?
B 明天 不是二月三号 。

② 9
Wo de shengri shi jiu yue si hao.
A 你的生日是 几月几号 ?
B 我的生日是九月四号。

③
Tā shì shéi?
A 他是谁?
B 他就是我的好朋友。

④ 下午
Lǎoshī shénme shíhou lái?
A 老师什么时候来?
B 老师 下午就来 。

3 ① 爸爸的生日是十一月二号。
② 妈妈的生日是四月三号。
③ 哥哥的生日是一月九号。

3과 今天几月几号? 39

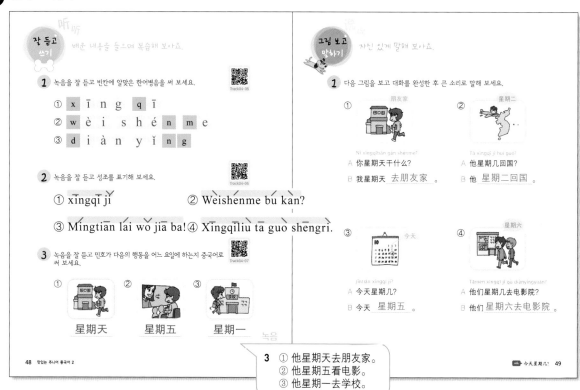

4과 48쪽 · 49쪽

잘 듣고 쓰기 听听 배운 내용을 들으며 복습해 보아요.

1 녹음을 잘 듣고 빈칸에 알맞은 한어병음을 써 보세요. Track04-05

① x ī n g q ī
② w è i s h é n m e
③ d i à n y ǐ n g

2 녹음을 잘 듣고 성조를 표기해 보세요. Track04-06

① xingqi ji ② Weishenme bu kan?
③ Mingtian lai wo jia ba! ④ Xingqiliu ta guo shengri.

3 녹음을 잘 듣고 민호가 다음의 행동을 어느 요일에 하는지 중국어로 써 보세요. Track04-07

① 星期天 ② 星期五 ③ 星期一

48 맛있는 주니어 중국어 2

그림 보고 말하기 看看 자신 있게 말해 보아요.

1 다음 그림을 보고 대화를 완성한 후 큰 소리로 말해 보세요.

① 朋友家
Nǐ xīngqītiān gàn shénme?
A 你星期天干什么?
B 我星期天 去朋友家 。

② 星期二
Tā xīngqī jǐ huí guó?
A 他星期几回国?
B 他 星期二回国 。

③ 今天
Jīntiān xīngqī jǐ?
A 今天星期几?
B 今天 星期五 。

④ 星期六
Tāmen xīngqī jǐ qù diànyǐngyuàn?
A 他们星期几去电影院?
B 他们 星期六去电影院 。

3 ① 他星期天去朋友家。
② 他星期五看电影。
③ 他星期一去学校。

4과 今天星期几? 49

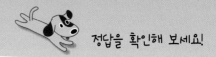

복습 52쪽 · 53쪽

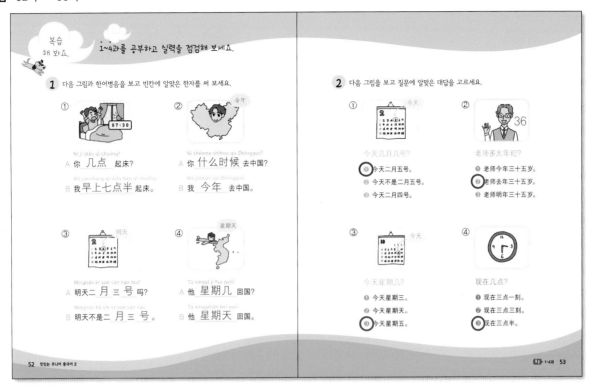

5과 60쪽 · 61쪽

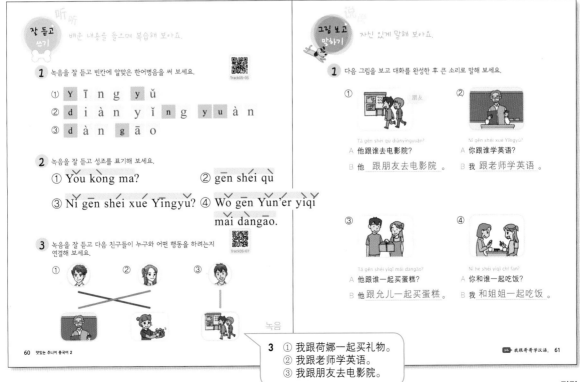

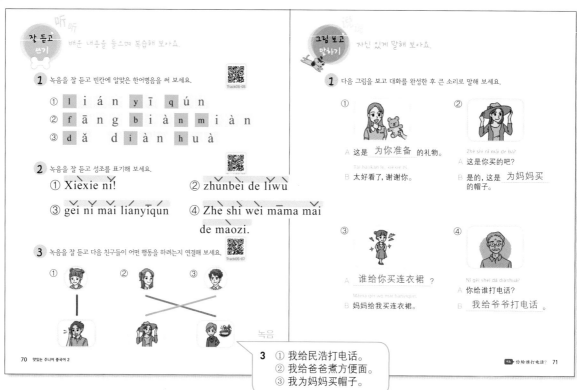

6과 70쪽 · 71쪽

听 听
잘 듣고 쓰기 배운 내용을 들으며 복습해 보아요.

1 녹음을 잘 듣고 빈칸에 알맞은 한어병음을 써 보세요.
① l i á n y ī q ú n
② f ā n g b i à n m i à n
③ d ǎ d i à n h u à

2 녹음을 잘 듣고 성조를 표기해 보세요.
① Xiexie ni!
② zhunbei de liwu
③ gei ni mai lianyiqun
④ Zhe shi wei mama mai de maozi.

3 녹음을 잘 듣고 다음 친구들이 어떤 행동을 하려는지 연결해 보세요.
① ② ③

녹음
3 ① 我给民浩打电话。
② 我给爸爸煮方便面。
③ 我为妈妈买帽子。

70 맛있는 주니어 중국어 2

그림 보고 말하기 자신 있게 말해 보아요.

1 다음 그림을 보고 대화를 완성한 후 큰 소리로 말해 보세요.

①
A 这是 为你准备 的礼物。
  Tài hǎokàn le, xièxie nǐ.
B 太好看了，谢谢你。

②
  Zhè shì nǐ mǎi de ba?
A 这是你买的吧？
B 是的，这是 为妈妈买 的帽子。

③
A 谁给你买连衣裙？
  Māma gěi wǒ mǎi liányīqún.
B 妈妈给我买连衣裙。

④
  Nǐ gěi shéi dǎ diànhuà?
A 你给谁打电话？
B 我给爷爷打电话。

6과 你给谁打电话? 71

7과 80쪽 · 81쪽

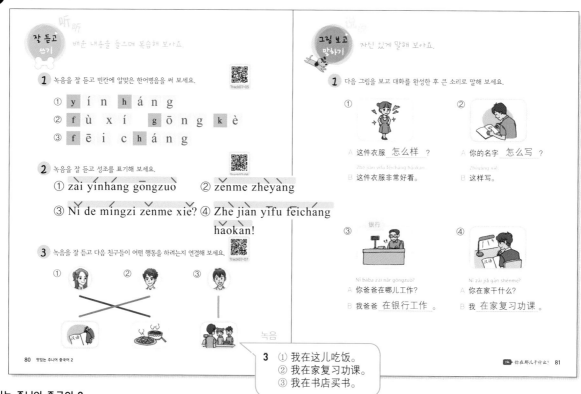

听 听
잘 듣고 쓰기 배운 내용을 들으며 복습해 보아요.

1 녹음을 잘 듣고 빈칸에 알맞은 한어병음을 써 보세요.
① y í n h á n g
② f ù x í g ō n g k è
③ f ē i c h á n g

2 녹음을 잘 듣고 성조를 표기해 보세요.
① zai yinhang gongzuo
② zenme zheyang
③ Ni de mingzi zenme xie?
④ Zhe jian yifu feichang haokan!

3 녹음을 잘 듣고 다음 친구들이 어떤 행동을 하려는지 연결해 보세요.
① ② ③

녹음
3 ① 我在这儿吃饭。
② 我在家复习功课。
③ 我在书店买书。

80 맛있는 주니어 중국어 2

그림 보고 말하기 자신 있게 말해 보아요.

1 다음 그림을 보고 대화를 완성한 후 큰 소리로 말해 보세요.

①
A 这件衣服 怎么样 ？
  Zhè jiàn yīfu fēicháng hǎokàn.
B 这件衣服非常好看。

②
A 你的名字 怎么写 ？
  Zhèyàng xiě.
B 这样写。

③
  Nǐ bàba zài nǎr gōngzuò?
A 你爸爸在哪儿工作？
B 我爸爸 在银行工作 。

④
  Nǐ zài jiā gàn shénme?
A 你在家干什么？
B 我 在家复习功课 。

7과 你在哪儿干什么? 81

142　맛있는 주니어 중국어 2

8과 90쪽 · 91쪽

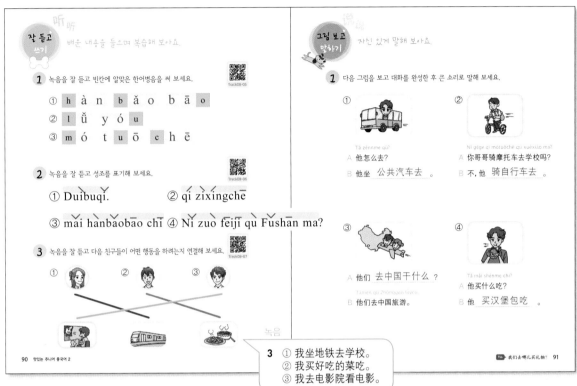

3 ① 我坐地铁去学校。
② 我买好吃的菜吃。
③ 我去电影院看电影。

복습 94쪽 · 95쪽

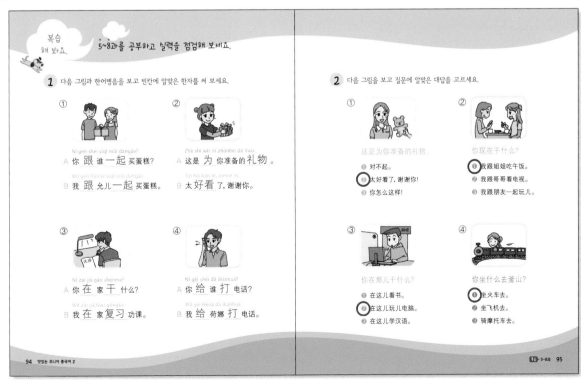

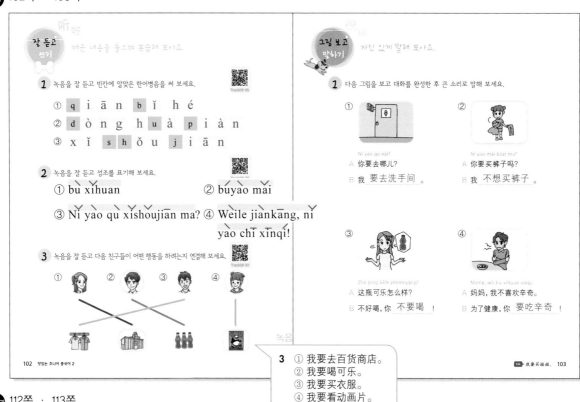

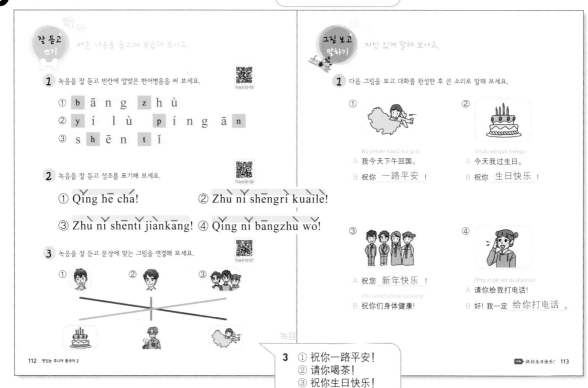

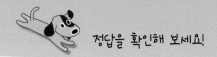

11과 122쪽 · 123쪽

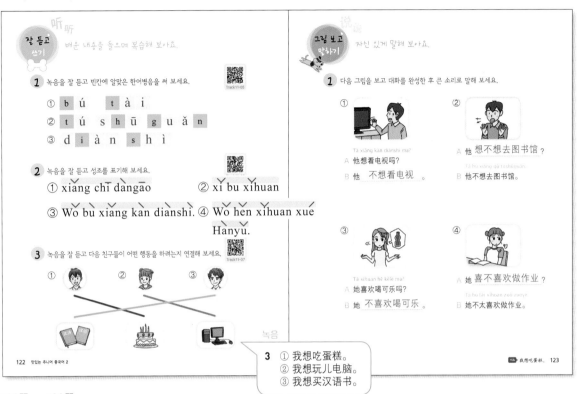

잘 듣고 쓰기 배운 내용을 들으며 복습해 보아요.

1 녹음을 잘 듣고 빈칸에 알맞은 한어병음을 써 보세요. Track11-05

① b ú   t à i
② t ú   s h ū   g u ǎ n
③ d i à n   s h ì

2 녹음을 잘 듣고 성조를 표기해 보세요.

① xiǎng chī dàngāo   ② xǐ bu xǐhuan

③ Wǒ bu xiǎng kàn diànshì.   ④ Wǒ hěn xǐhuan xué Hànyǔ.

3 녹음을 잘 듣고 다음 친구들이 어떤 행동을 하려는지 연결해 보세요. Track11-07

그림 보고 말하기 자신 있게 말해 보아요.

1 다음 그림을 보고 대화를 완성한 후 큰 소리로 말해 보세요.

①
Tā xiǎng kàn diànshì ma?
A 他想看电视吗?
B 他 不想看电视 。

②
A 他 想不想去图书馆？
Tā bù xiǎng qù túshūguǎn.
B 他不想去图书馆。

③
Tā xǐhuan hē kělè ma?
A 她喜欢喝可乐吗?
B 她 不喜欢喝可乐 。

④
A 她 喜不喜欢做作业？
Tā bú tài xǐhuan zuò zuòyè.
B 她不太喜欢做作业。

3 ① 我想吃蛋糕。
② 我想玩儿电脑。
③ 我想买汉语书。

我想吃蛋糕。 123

122 맛있는 주니어 중국어 2

12과 132쪽 · 133쪽

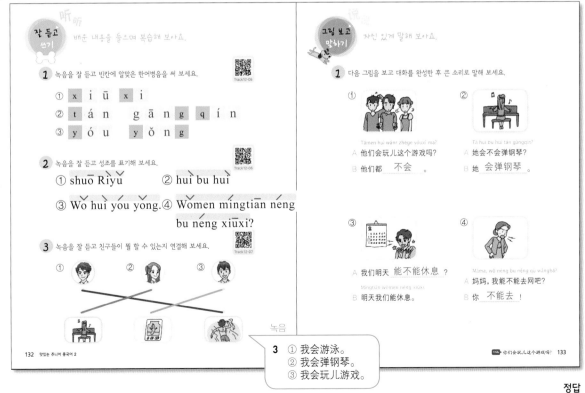

잘 듣고 쓰기 배운 내용을 들으며 복습해 보아요.

1 녹음을 잘 듣고 빈칸에 알맞은 한어병음을 써 보세요. Track12-06

① x i ū x i
② t á n   g ā n g q í n
③ y ó u   y ǒ n g

2 녹음을 잘 듣고 성조를 표기해 보세요. Track12-06

① shuō Rìyǔ   ② huì bu huì

③ Wǒ huì yóu yǒng. ④ Wǒmen míngtiān néng bu néng xiūxi?

3 녹음을 잘 듣고 친구들이 뭘 할 수 있는지 연결해 보세요. Track12-07

그림 보고 말하기 자신 있게 말해 보아요.

1 다음 그림을 보고 대화를 완성한 후 큰 소리로 말해 보세요.

①
Tāmen huì wánr zhège yóuxì ma?
A 他们会玩儿这个游戏吗?
B 他们都 不会 。

②
Tā huì bu huì tán gāngqín?
A 她会不会弹钢琴?
B 她 会弹钢琴 。

③
A 我们明天 能不能休息 ？
Míngtiān wǒmen néng xiūxi.
B 明天我们能休息。

④
Māma, wǒ néng bu néng qù wǎngbā?
A 妈妈, 我能不能去网吧?
B 你 不能去 ！

3 ① 我会游泳。
② 我会弹钢琴。
③ 我会玩儿游戏。

132 맛있는 주니어 중국어 2

你们会玩儿这个游戏吗? 133

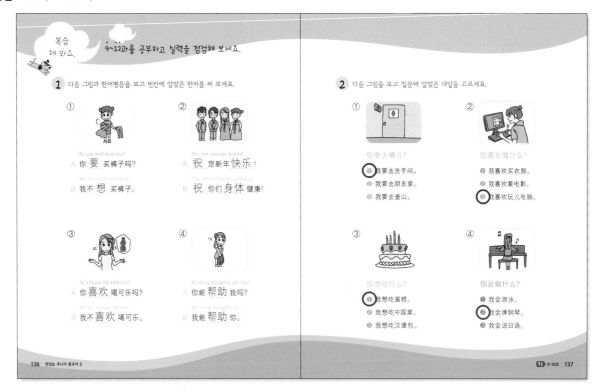

복습
해 봐요.

9~12과를 공부하고 실력을 점검해 보세요.

1 다음 그림과 한어병음을 보고 빈칸에 알맞은 한자를 써 보세요.

① Nǐ yào mǎi kùzi ma?
A 你 要 买裤子吗?
Wǒ bù xiǎng mǎi kùzi.
B 我 不 想 买裤子。

② Zhù nín xīnnián kuàilè!
A 祝 您新年 快乐!
Zhù nǐmen shēntǐ jiànkāng!
B 祝 你们 身体 健康!

③ Nǐ xǐhuan hē kělè ma?
A 你喜欢 喝可乐吗?
Wǒ bù xǐhuan hē kělè.
B 我不喜欢 喝可乐。

④ Nǐ néng bāngzhù wǒ ma?
A 你能 帮助 我吗?
Wǒ néng bāngzhù nǐ.
B 我能 帮助 你。

2 다음 그림을 보고 질문에 알맞은 대답을 고르세요.

① 你要去哪儿?
❶ 我要去洗手间。
② 我要去朋友家。
③ 我要去釜山。

② 你喜欢做什么?
❶ 我喜欢买衣服。
② 我喜欢看电影。
❸ 我喜欢玩儿电脑。

③ 你想吃什么?
❶ 我想吃蛋糕。
② 我想吃中国菜。
③ 我想吃汉堡包。

④ 你会做什么?
❶ 我会游泳。
❷ 我会弹钢琴。
③ 我会说日语。

NEW 맛있는 주니어 중국어

2

Work Book

맛있는 books

NEW 맛있는
주니어 중국어 ② Work Book

차례

第一课

지금이 몇 시니?

现在 几点?

Xiànzài jǐ diǎn?

1 그림에 맞는 문장을 만든 후, 주어진 단어로 교체 연습해 보세요.

①

➡ 他 ＿＿＿＿＿ 起床。

七点
六点一刻
八点三刻

②

➡ 她 ＿＿＿＿＿ 睡觉。

十点半
十一点五分
九点三刻

③

➡ 我 ＿＿＿＿＿ 下课。

三点
五点十分
四点半

그림을 보고 대화를 완성한 후, 친구들과 큰 소리로 대화해 보세요.

3 뜻이 통하도록 글자를 연결하고 빈칸에 한자와 발음을 써 보세요.

上 ·   · 床 ·   · 일어나다 _____

現 ·   · 在 ·   · 지금 _____

起 ·   · 课 ·   · 수업하다 _____

4 시계를 보고 빈칸에 알맞은 한자를 써 보세요.

一点一 ☐   三点 ☐   九点五 ☐

5 우리말 문장을 보고 주어진 단어들을 순서에 맞춰 써 보세요.

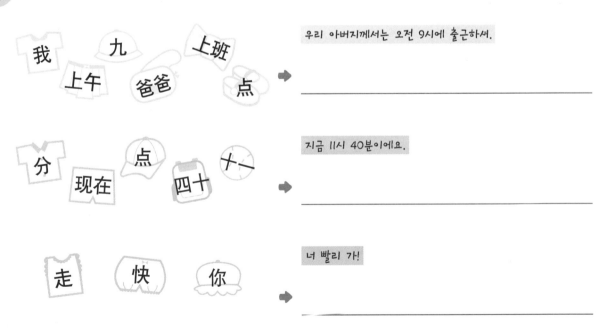

我   九   上班   上午   爸爸   点

우리 아버지께서는 오전 9시에 출근하셔.

➡ _____

分   点   十一   现在   四十

지금 11시 40분이에요.

➡ _____

走   快   你

너 빨리 가!

➡ _____

6 다음 한자를 큰 소리로 읽으며 써 보세요.

现 — xiàn
现 나타날 **현**

一 = チ 王 刋 玗 现 现

现

点 — diǎn
點 점 **점**

丶 ⊦ ⊦ 占 占 占 点 点 点

点

课 — kè
課 과목 **과**

丶 讠 讠 讠 讠 课 课 课 课

课

对 — duì
對 대할 **대**

フ ヌ ヌ 对 对

对

觉 — jiào
覺 깨달을 **각**

丶 丷 丷 丷 丷 学 学 学 觉 觉

觉

班 — bān
班 나눌 **반**

一 = チ 王 玎 玗 玗 玨 班 班

班

第二课

너 올해 몇 살이야?

你今年多大？

Nǐ jīnnián duō dà?

1 그림에 맞는 문장을 만든 후, 주어진 단어로 교체 연습해 보세요.

①

➡ 你什么时候 _____ ?

回国
来韩国
去医院

②

➡ 我 _____ 去中国。

明年

③

➡ 你今年 _____ ?

你弟弟　　几岁
您　　　　多大年纪

2 그림을 보고 대화를 완성한 후, 친구들과 큰 소리로 대화해 보세요.

3 뜻이 통하도록 글자를 연결하고 빈칸에 한자와 발음을 써 보세요.

回 ·   · 大 ·   · 귀국하다

多 ·   · 国 ·   · 연세

年 ·   · 纪 ·   · 몇 살이니

4 우리말 해석을 보고 빈칸에 알맞은 한자를 써 보세요.

① 你 ⬜⬜⬜ 去中国?   ➡ 넌 언제 중국에 가니?

② 我 ⬜⬜ 回国。   ➡ 나 내년에 귀국해.

③ 我 ⬜⬜ 在美国。   ➡ 난 작년에 미국에 있었어.

5 우리말 문장을 보고 주어진 단어들을 순서에 맞춰 써 보세요.

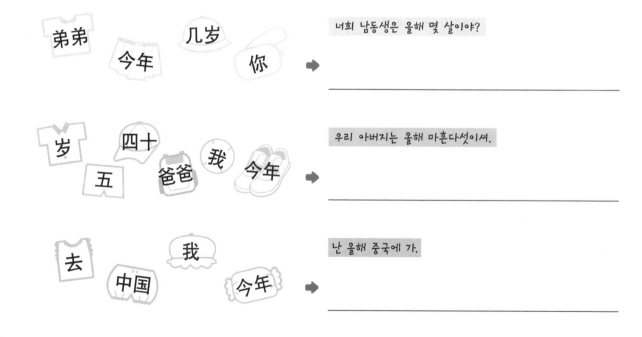

弟弟　今年　几岁　你

너희 남동생은 올해 몇 살이야?

➡ _____

岁　四十　五　爸爸　我　今年

우리 아버지는 올해 마흔다섯이셔.

➡ _____

去　中国　我　今年

난 올해 중국에 가.

➡ _____

6 다음 한자를 큰 소리로 읽으며 써 보세요.

时 — shí
時 때 **시**

| 丨 冂 日 日 旷 时 时 | | | | |
| 时 | | | | |

候 — hòu
候 기후 **후**

| 丿 亻 亻 亻 仴 仴 仴 仴 候 候 | | | | |
| 候 | | | | |

回 — huí
回 돌아올 **회**

| 丨 冂 冂 冋 回 回 | | | | |
| 回 | | | | |

岁 — suì
歲 해 **세**

| 丨 屵 屵 屵 岁 岁 | | | | |
| 岁 | | | | |

纪 — jì
紀 벼리 **기**

| 乚 纟 纟 纪 纪 纪 | | | | |
| 纪 | | | | |

明 — míng
明 밝을 **명**

| 丨 冂 日 日 刖 明 明 明 | | | | |
| 明 | | | | |

第三课

오늘이 몇 월 며칠이지?

今天几月几号?

Jīntiān jǐ yuè jǐ hào?

1 그림에 맞는 문장을 만든 후, 주어진 단어로 교체 연습해 보세요.

①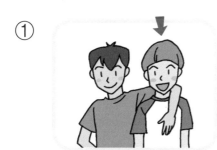

➡ 他就是我的＿＿＿＿＿＿。

弟弟
哥哥
老师

② 下午

➡ 老师＿＿＿＿＿就来。

晚上
上午
中午

③ 今天

10

1 2 3
4 5 6 7 8 9 10
11 12 13 14 15 16 17
18 19 20 21 22 23 24
25 26 27 28 29 30 31

➡ 今天是＿＿＿＿＿＿。

五月五号
十月一号
十二月二十五号

2 그림을 보고 대화를 완성한 후, 친구들과 큰 소리로 대화해 보세요.

3 뜻이 통하도록 글자를 연결하고 빈칸에 한자와 발음을 써 보세요.

生 ·　　· 月 ·　　　　　· 생일 [　　　　]

几 ·　　· 日 ·　　　　　· 모레 [　　　　]

后 ·　　· 天 ·　　　　　· 몇 월 [　　　　]

4 달력을 보고 빈칸에 알맞은 한자를 써 보세요.

　　月　　号　　　　　月　　　号　　　　　月　　　号

5 우리말 문장을 보고 주어진 글자들을 순서에 맞춰 써 보세요.

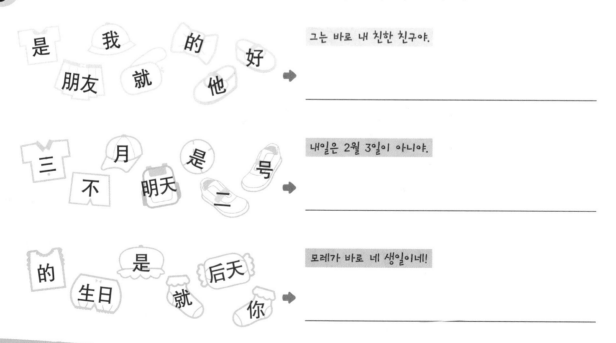

그는 바로 내 친한 친구야.

내일은 2월 3일이 아니야.

모레가 바로 네 생일이네!

6 다음 한자를 큰 소리로 읽으며 써 보세요.

月 — yuè
月 달 **월**

丿 几 月 月			
月			

号 — hào
號 부르짖을 **호**

丶 ㅁ ㅁ 므 号			
号			

就 — jiù
就 이룰 **취**

丶 二 亠 亠 亠 亨 京 京 京 就 就			
就			

放 — fàng
放 놓을 **방**

丶 二 亠 方 扩 访 放			
放			

假 — jià
假 거짓 **가**

丿 亻 亻 亻 仔 仔 仔 仔 假 假			
假			

友 — yǒu
友 벗 **우**

一 ナ 方 友			
友			

第四课

오늘이 무슨 요일이야?

今天星期几?

Jīntiān xīngqī jǐ?

1 그림에 맞는 문장을 만든 후, 주어진 단어로 교체 연습해 보세요.

① 今天

➡ 今天_____。

星期二
星期五
星期天

②

朋友家

➡ 他星期天_____。

买汉堡包
看电影
学汉语

③

➡ 你为什么_____?

不买蛋糕
不喝可乐
不学汉语

그림을 보고 대화를 완성한 후, 친구들과 큰 소리로 대화해 보세요.

3 뜻이 통하도록 글자를 연결하고 빈칸에 한자와 발음을 써 보세요.

一 · · 影 · · 요일

星 · · 定 · · 영화

电 · · 期 · · 반드시

4 우리말 해석을 보고 빈칸에 알맞은 한자를 써 보세요.

① 星期   她过生日。   ➡ 토요일이 그녀의 생일이야.

② 你星期   干什么?   ➡ 너 일요일에 뭐 하니?

③ 她星期   回国?   ➡ 그녀는 무슨(몇) 요일에 귀국하니?

5 우리말 문장을 보고 주어진 단어들을 순서에 맞춰 써 보세요.

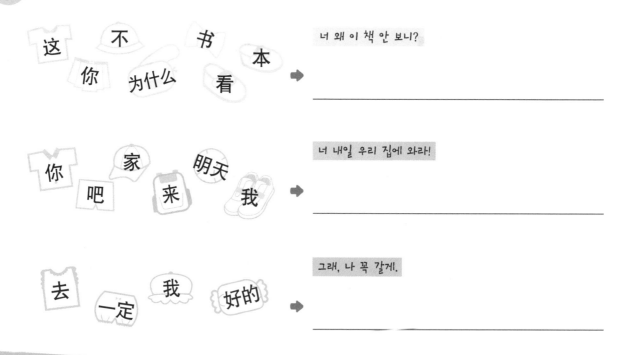

这   不   书   本   你   为什么   看

너 왜 이 책 안 보니?

➡ _____

你   家   明天   吧   来   我

너 내일 우리 집에 와라!

➡ _____

去   我   好的   一定

그래, 나 꼭 갈게.

➡ _____

6 다음 한자를 큰 소리로 읽으며 써 보세요.

星 — xīng
星 별 **성**

ヽ	冂	冃	日	尸	旦	早	星	星		
星										

期 — qī
期 기약할 **기**

一	十	廿	拱	甘	其	其	其	期	期	期	期
期											

为 — wèi
爲 할 **위**

ヽ	ノ	为	为		
为					

过 — guò
過 지날 **과**

一	寸	寸	寸	讨	过	
过						

意 — yì
意 뜻 **의**

ヽ	亠	立	立	产	产	音	音	音	音	意	意	意
意												

思 — sī
思 생각 **사**

ヽ	口	日	田	田	四	思	思	思	
思									

나 오빠한테 중국어 배워.

我跟哥哥学汉语。
Wǒ gēn gēge xué Hànyǔ.

1 그림에 맞는 문장을 만든 후, 주어진 단어로 교체 연습해 보세요.

①

➡ 你跟老师 _____?

说什么
要什么

②

➡ 他 _____ 去电影院。

跟民浩
跟爸爸、妈妈
跟哥哥

③

➡ 他跟允儿 _____。

一起玩电脑
一起听音乐
一起吃饭

그림을 보고 대화를 완성한 후, 친구들과 큰 소리로 대화해 보세요.

3 다음 글자에 맞는 한어병음과 뜻을 연결하고 각각 써 보세요.

空 ·   · hé ·   · ~와

和 ·   · kòng ·   · 돈

钱 ·   · qián ·   · 시간

4 우리말 해석을 보고 빈칸에 알맞은 한자를 써 보세요.

① 他跟我　　蛋糕。　　➡ 그는 나에게 케이크를 원해.

② 我跟老师　　英语。　　➡ 난 선생님께 영어를 배워.

③ 你跟谁　　电影院?　　➡ 너는 누구와 영화관에 가니?

5 우리말 문장을 보고 주어진 단어들을 순서에 맞춰 써 보세요.

哥哥　我　學　跟　汉语　　➡ 나 오빠한테 중국어 배워.

_____

跟　他　要　我　面包　　➡ 그는 나에게 빵을 원해.

_____

一起　允儿　跟　蛋糕　买　我　　➡ 난 윤아와 함께 케이크를 사.

_____

6 다음 한자를 큰 소리로 읽으며 써 보세요.

钱 — qián
錢 돈 **전**

丿 𠂉 𠂉 𠂉 钅 钅 钅 钱 钱 钱

钱

说 — shuō
說 말씀 **설**

丶 讠 讠 讠 讠 说 说 说 说

说

院 — yuàn
院 집 **원**

乛 阝 阝 阝 阡 阡 陀 陀 院

院

蛋 — dàn
蛋 알 **단**

一 �𠃌 疋 疋 疋 疋 吞 吞 蛋 蛋 蛋

蛋

糕 — gāo
糕 떡 **고**

丶 丷 丷 半 米 米 米 粐 粐 粐 糕 糕 糕 糕

糕

空 — kòng
空 빌 **공**

丶 丷 宀 宀 宀 空 空 空

空

第六课

너 누구에게 전화하니?

你给谁打电话?

Nǐ gěi shéi dǎ diànhuà?

1 그림에 맞는 문장을 만든 후, 주어진 단어로 교체 연습해 보세요.

①

朋友

➡ 她＿＿＿＿＿准备礼物。

为老师
为你们
为他们

②

➡ 她给谁＿＿＿＿＿？

买衣服
做菜
煮方便面

③

➡ 她是＿＿＿＿＿吧?

你弟弟
你朋友
学生

2 그림을 보고 대화를 완성한 후, 친구들과 큰 소리로 대화해 보세요.

3 뜻이 통하도록 글자를 연결하고 빈칸에 한자와 발음을 써 보세요.

好 ·   · 备 ·   예쁘다

电 ·   · 话 ·   준비하다

准 ·   · 看 ·   전화

4 우리말 해석을 보고 빈칸에 알맞은 한자를 써 보세요.

① 你是中国人　　? ➡ 당신은 중국인이죠?

② 我　　爸爸煮方便面。 ➡ 난 아버지께 라면을 끓여 드려.

③ 这是　　你准备的礼物。 ➡ 이건 널 위해 준비한 선물이야.

5 우리말 문장을 보고 주어진 단어들을 순서에 맞춰 써 보세요.

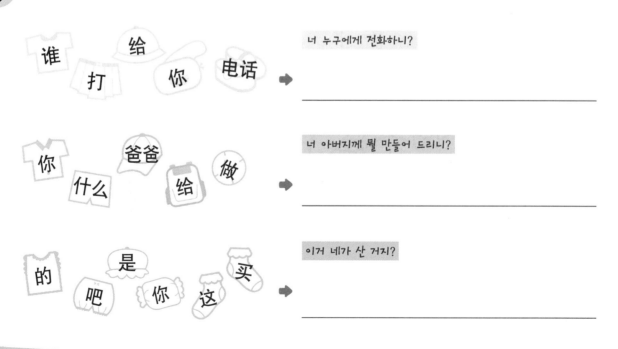

谁　给　打　你　电话

너 누구에게 전화하니?

＿＿＿＿＿＿＿＿＿＿＿＿＿＿

你　爸爸　什么　给　做

너 아버지께 뭘 만들어 드리니?

＿＿＿＿＿＿＿＿＿＿＿＿＿＿

的　是　吧　你　这　买

이거 네가 산 거지?

＿＿＿＿＿＿＿＿＿＿＿＿＿＿

6 다음 한자를 큰 소리로 읽으며 써 보세요.

话 — huà
話 말씀 **화**

丶 讠 讠 讠 讠 讠 话 话

话

准 — zhǔn
準 준할 **준**

丶 丬 冫 冫 冫 冫 冫 准 准 准

准

备 — bèi
備 갖출 **비**

丿 夂 夂 夂 各 各 备 备

备

连 — lián
連 잇닿을 **연**

一 亡 车 车 车 诖 连

连

煮 — zhǔ
煮 삶을 **자**

一 十 耂 耂 耂 者 者 者 者 煮 煮 煮

煮

面 — miàn
麵 밀가루 **면**

一 一 丆 丏 而 而 面 面 面

面

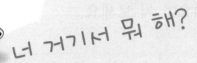

第七课

너 거기서 뭐 해?

你在那儿干什么？

Nǐ zài nàr gàn shénme?

1 그림에 맞는 문장을 만든 후, 주어진 단어로 교체 연습해 보세요.

①

➜ 他 _____ 学汉语。

在补习班
在图书馆
在学校

②

➜ 他在那儿 _____ 。

学汉语
买礼物
工作

③

➜ _____ 怎么样？

这个面包
这本书
我的手机

3 뜻이 통하도록 글자를 연결하고 빈칸에 한자와 발음을 써 보세요.

复 · · 习 · · 어떻게

怎 · · 么 · · 복습하다

约 · · 会 · · 약속

4 우리말 해석을 보고 빈칸에 알맞은 한자를 써 보세요.

① 我 ___ 家复习功课。 ➡ 나 집에서 수업 내용 복습해.

② 你的名字 ___ ___ 写? ➡ 네 이름은 어떻게 쓰니?

③ 这件衣服 ___ ___ ? ➡ 이 옷 어때?

5 우리말 문장을 보고 주어진 단어들을 순서에 맞춰 써 보세요.

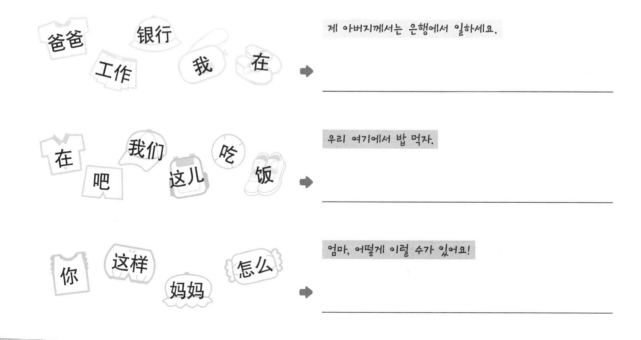

爸爸 银行 工作 我 在
우리 아버지께서는 은행에서 일하세요.
➡ _____

在 我们 吃 吧 这儿 饭
우리 여기에서 밥 먹자.
➡ _____

你 这样 怎么 妈妈
엄마, 어떻게 이럴 수가 있어요!
➡ _____

6 다음 한자를 큰 소리로 읽으며 써 보세요.

样 — yàng
樣 모양 **양**

一 十 才 木 术 栏 栏 样 样 样
样				

功 — gōng
功 일 **공**

一 丁 工 功 功
功				

约 — yuē
約 맺을 **약**

' ⺀ ⺀ 纟 纟 约 约
约				

会 — huì
會 모일 **회**

丿 人 ㇏ 亼 会 会
会				

复 — fù
復 돌아올 **복**/
다시 **부**

丿 ⺅ ⺅ 仁 ㇏ 白 白 戸 复 复
复				

习 — xí
習 익힐 **습**

丁 习 习
习				

第八课

우리 어디 가서 선물 살까?

我们去哪儿买礼物?

Wǒmen qù nǎr mǎi lǐwù?

1 그림에 맞는 문장을 만든 후, 주어진 단어로 교체 연습해 보세요.

①

➡ 怎么 _____?

写
做
吃

②

中国

➡ 我们去 _____ _____。

饭馆儿　　　吃饭
百货商店　　买礼物
网吧　　　　玩儿电脑

③

➡ 她 _____ 去。

坐飞机
坐地铁
坐公共汽车

2 그림을 보고 대화를 완성한 후, 친구들과 큰 소리로 대화해 보세요.

3 뜻이 통하도록 글자를 연결하고 빈칸에 한자와 발음을 써 보세요.

地 ·   · 车 ·   · 지하철

火 ·   · 铁 ·   · 기차

飞 ·   · 机 ·   · 비행기

4 우리말 해석을 보고 빈칸에 알맞은 한자를 써 보세요.

① 我们 ⬜ 什么 ⬜ ?   ➡ 우리 뭐 사 먹지?

② 你 ⬜ 我家 ⬜ 吧!   ➡ 너 우리 집에 놀러 와!

③ 你们 ⬜ 中国 ⬜ 什么?   ➡ 너희들 중국에 가서 뭐 할 거니?

5 우리말 문장을 보고 주어진 단어들을 순서에 맞춰 써 보세요.

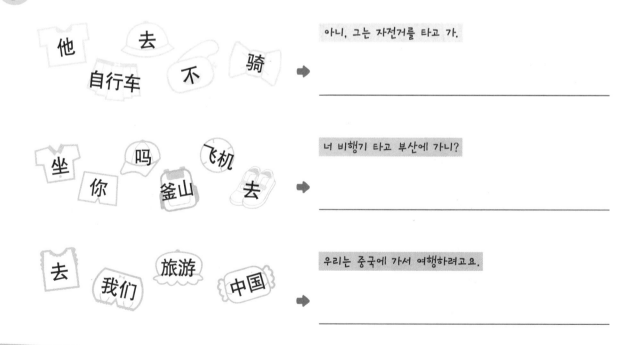

他   去   自行车   不   骑   아니, 그는 자전거를 타고 가.

➡ _____

坐   吗   飞机   你   釜山   去   너 비행기 타고 부산에 가니?

➡ _____

去   我们   旅游   中国   우리는 중국에 가서 여행하려고요.

➡ _____

6 다음 한자를 큰 소리로 읽으며 써 보세요.

汽 — qì
汽 증기 **기**

丶 丶 氵 氵 汽 汽 汽
汽

车 — chē
車 수레 **차/거**

一 ナ 三 车
车

具 — jù
具 갖출 **구**

丨 冂 冂 月 目 且 具 具
具

游 — yóu
游 헤엄칠 **유**

丶 丶 氵 氵 汸 汸 汸 浒 游 游 游
游

飞 — fēi
飛 날 **비**

乁 飞 飞
飞

铁 — tiě
鐵 쇠 **철**

丿 丿 𠂉 与 钅 钅 铁 铁 铁 铁
铁

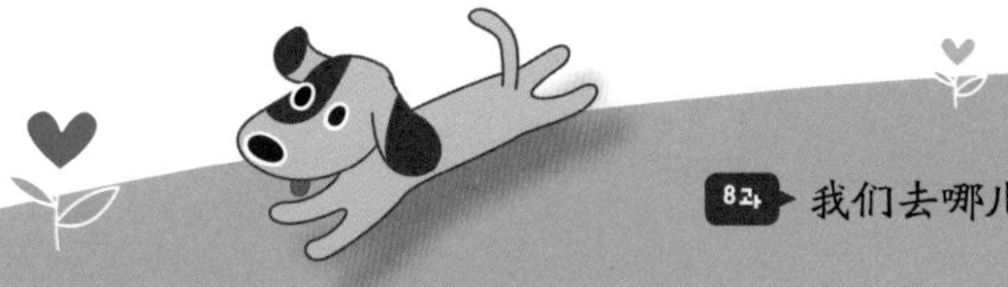

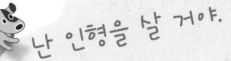

난 인형을 살 거야.

我要买娃娃。

Wǒ yào mǎi wáwa.

1 그림에 맞는 문장을 만든 후, 주어진 단어로 교체 연습해 보세요.

①

➡ 我要_____。

去洗手间
买裤子
吃中国菜

②

➡ 我不想_____。

喝可乐
去你家
吃方便面

③

➡ 你不要_____！

去
吃
玩儿电脑

3 뜻이 통하도록 글자를 연결하고 빈칸에 한자와 발음을 써 보세요.

裤 ·   · 奇 ·   김치   ·

好 ·   · 喝 ·   바지   ·

辛 ·   · 子 ·   맛있다   ·

4 우리말 해석을 보고 빈칸에 알맞은 한자를 써 보세요.

① 允儿不 ___ 娃娃。 ➡ 윤아는 인형 안 좋아해.

② 我不 ___ 买裤子。 ➡ 나 바지 안 사고 싶어.

③ 我 ___ 去洗手间。 ➡ 나 화장실 가려고.

5 우리말 문장을 보고 주어진 단어들을 순서에 맞춰 써 보세요.

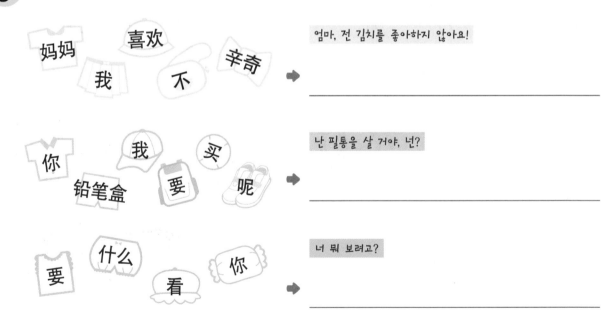

妈妈   喜欢   辛奇   我   不

엄마, 전 김치를 좋아하지 않아요!

➡ _____

你   我   买   铅笔盒   要   呢

난 필통을 살 거야, 넌?

➡ _____

要   什么   你   看

너 뭐 보려고?

➡ _____

6 다음 한자를 큰 소리로 읽으며 써 보세요.

盒 — hé
盒 합**합**

丿 人 亼 仝 仒 佘 佘 佘 盒 盒 盒
盒

欢 — huān
歡 기쁠 **환**

フ ス ヌ ヌ' ヌ'' 欢
欢

画 — huà
畵 그림 **화**

一 T 干 丙 丙 田 画 画
画

间 — jiān
間 사이 **간**

丶 丨 门 门 问 间 间
间

裤 — kù
褲 바지 **고**

丶 フ オ ネ ネ ネ 衤 衤 衤 褙 裤 裤
裤

辛 — xīn
辛 매울 **신**

丶 亠 六 立 立 辛 辛
辛

第十课

생일 축하해!

祝你生日快乐！
Zhù nǐ shēngrì kuàilè!

1 그림에 맞는 문장을 만든 후, 주어진 단어로 교체 연습해 보세요.

①

➜ 祝你 _____ ！

新年快乐
身体健康
生日快乐

②

➜ 请你 _____ ！

吃饭
帮助我
给我打电话

③

➜ 我一定 _____ 。

看
帮助你
去

3 뜻이 통하도록 글자를 연결하고 빈칸에 한자와 발음을 써 보세요.

快 ·   · 乐 ·   · 돕다

点 ·   · 助 ·   · 즐겁다

帮 ·   · 心 ·   · 간식

4 우리말 해석을 보고 빈칸에 알맞은 한자를 써 보세요.

① ▢ 吃点心吧!   ➡ 간식 먹어!

② 祝你生日 ▢ !   ➡ 생일 즐겁길 빌게! (생일 축하해!)

③ 祝你 ▢ 健康!   ➡ 몸 건강해! (건강하길 빌게!)

5 우리말 문장을 보고 주어진 단어들을 순서에 맞춰 써 보세요.

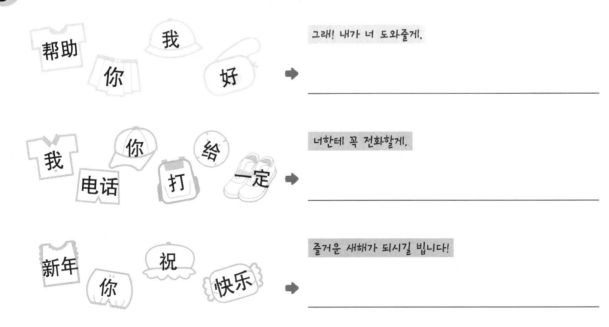

帮助 你 我 好   그래! 내가 너 도와줄게.
➡ _____

我 你 给 电话 打 一定   너한테 꼭 전화할게.
➡ _____

新年 你 祝 快乐   즐거운 새해가 되시길 빕니다!
➡ _____

6 다음 한자를 큰 소리로 읽으며 써 보세요.

祝 — zhù
祝 빌 **축**

` ｀ ｀ ﾞ ｱ ｱ ｰ ｱ 祝 祝				
祝				

迎 — yíng
迎 맞이할 **영**

´ ´ ￡ ﾞ 卬 卬 迎 迎				
迎				

送 — sòng
送 보낼 **송**

` ｀ ｀ ｀ ﾝ ﾝ 关 关 送 送				
送				

请 — qǐng
請 청할 **청**

` ｀ ｀ ｀ ｀ ｀ 请 请 请 请				
请				

帮 — bāng
幫 도울 **방**

｀ ｀ ﾝ ﾝ ﾝ 邦 邦 帮 帮				
帮				

助 — zhù
助 도울 **조**

｜ ﾛ ﾛ 且 且 助 助				
助				

第十一课

난 케이크 먹고 싶어.

我想吃蛋糕。
Wǒ xiǎng chī dàngāo.

1 그림에 맞는 문장을 만든 후, 주어진 단어로 교체 연습해 보세요.

①

➡ 我想＿＿＿＿＿＿。

看电视
去图书馆
吃蛋糕

②

➡ 她喜欢＿＿＿＿＿＿。

看动画片
听中国歌
学汉语

③

➡ 他＿＿＿＿＿吃巧克力。

非常喜欢
很喜欢
不太喜欢

그림을 보고 대화를 완성한 후, 친구들과 큰 소리로 대화해 보세요.

3 뜻이 통하도록 글자를 연결하고 빈칸에 한자와 발음을 써 보세요.

作 · · 糕 · 숙제

蛋 · · 业 · 케이크

喜 · · 欢 · 좋아하다

4 우리말 해석을 보고 빈칸에 알맞은 한자를 써 보세요.

① 我很 ___ 学汉语。 ➡ 난 중국어 공부하는 걸 아주 좋아해.

② 你 ___ 吃什么? ➡ 너 뭐 먹고 싶니?

③ 我 ___ 喜欢做作业。 ➡ 난 숙제하는 걸 별로 좋아하지 않아.

5 우리말 문장을 보고 주어진 단어들을 순서에 맞춰 써 보세요.

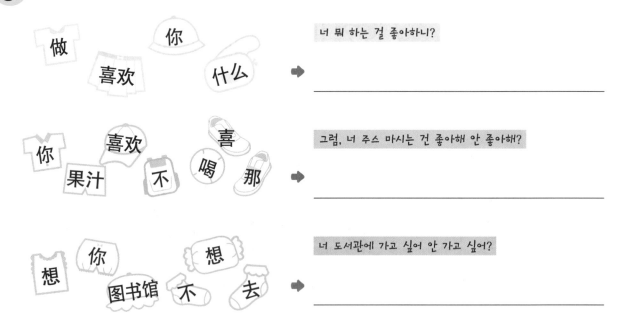

做 你 喜欢 什么 ➡ 너 뭐 하는 걸 좋아하니?

_____

你 喜欢 喜 果汁 不 喝 那 ➡ 그럼, 너 주스 마시는 건 좋아해 안 좋아해?

_____

想 你 想 图书馆 不 去 ➡ 너 도서관에 가고 싶어 안 가고 싶어?

_____

6 다음 한자를 큰 소리로 읽으며 써 보세요.

汁 → zhī
汁 즙 **즙**

`	`	`	氵	氵	汁		
汁							

怎 → zěn
怎 어찌 **즘**

ノ	ノ	乍	乍	乍	作	怎	怎	怎
怎								

最 → zuì
最 가장 **최**

丶	冂	冂	日	旦	早	昌	昌	昌	昬	最	最
最											

银 → yín
銀 은 **은**

ノ	丿	卢	卢	车	钅	钔	钔	铘	银	银
银										

写 → xiě
寫 베낄 **사**

`	冖	冖	写	写			
写							

歌 → gē
歌 노래 **가**

一	丆	可	可	可	可	哥	哥	哥	哥	哥	歌	歌	歌
歌													

너희들 이 게임 할 줄 아니?

你们会玩儿这个游戏吗?

Nǐmen huì wánr zhège yóuxì ma?

1 그림에 맞는 문장을 만든 후, 주어진 단어로 교체 연습해 보세요.

①
➡ **她会** _____。

> 说汉语
> 骑自行车
> 游泳

②
➡ **你能** _____ **吗?**

> 来
> 休息
> 给我打电话

③
➡ **你不能** _____ **!**

> 买
> 喝可乐
> 吃这个

3 뜻이 통하도록 글자를 연결하고 빈칸에 한자와 발음을 써 보세요.

简 · · 琴 · · 간단하다

游 · · 戏 · · 피아노

钢 · · 单 · · 게임

4 우리말 해석을 보고 빈칸에 알맞은 한자를 써 보세요.

① 那，你 教我们吗? → 그럼, 우리에게 가르쳐 줄 수 있어?

② 你 说日语? → 너는 일본어를 할 줄 아니 모르니?

③ 我会 钢琴。 → 난 피아노 칠 줄 알아.

5 우리말 문장을 보고 주어진 단어들을 순서에 맞춰 써 보세요.

玩儿　会　这个　吗　你们　游戏

너희들 이 게임 할 줄 아니?

➡ _____

我　去　网吧　妈妈　能　不能

엄마, PC방에 가도 돼요 안 돼요?

➡ _____

不　说　日语　会　他

그는 일본어를 할 줄 몰라.

➡ _____

6 다음 한자를 큰 소리로 읽으며 써 보세요.

戏 — xì
戲 놀 **희**

フ 又 𫠛 𫠛 戏 戏				
戏				

简 — jiǎn
簡 간략할 **간**

ノ ト ⺮ ⺮ 𥫗 𥫗 𥫗 筲 筲 筲 简 简				
简				

单 — dān
單 홑 **단**

丶 丷 丷 丷 当 单 单 单				
单				

弹 — tán
彈 탄알 **탄**

丶 𡧃 弓 弓 弓' 弨 弨 弹 弹 弹 弹				
弹				

钢 — gāng
鋼 강철 **강**

ノ ⺈ 𠂉 𠂉 钅 钅 钢 钢 钢				
钢				

琴 — qín
琴 거문고 **금**

一 二 三 王 玤 玤 玨 珏 玞 琗 琴 琴				
琴				

Work
Book

정답

NEW 맛있는
주니어 중국어
②

1과 4쪽 · 5쪽 · 6쪽

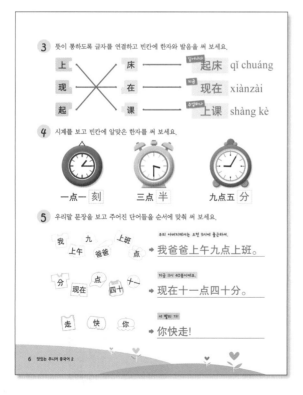

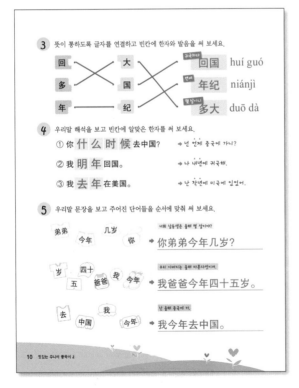

3과 12쪽 · 13쪽 · 14쪽

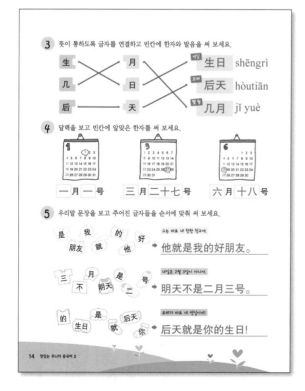

5과 20쪽 · 21쪽 · 22쪽

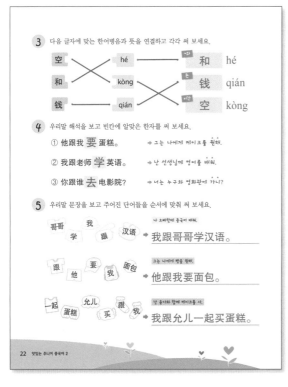

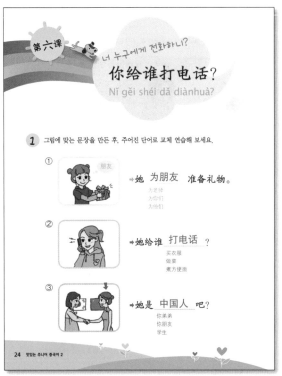

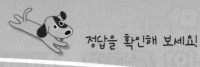

7과 28쪽 · 29쪽 · 30쪽

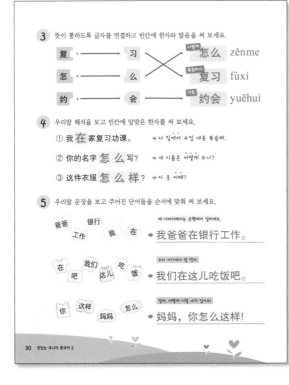

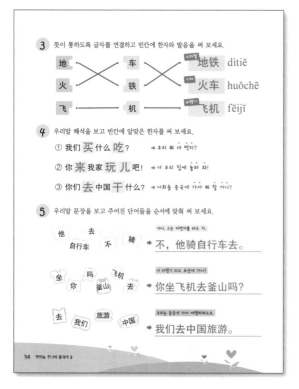

9과 36쪽 · 37쪽 · 38쪽

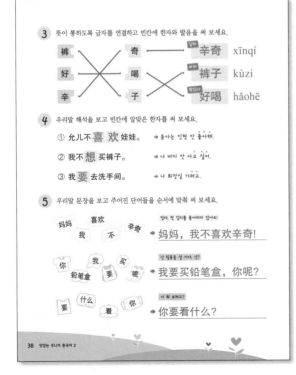

10과 40쪽 · 41쪽 · 42쪽

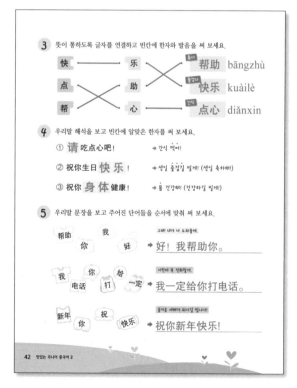

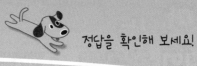

11과 44쪽 · 45쪽 · 46쪽

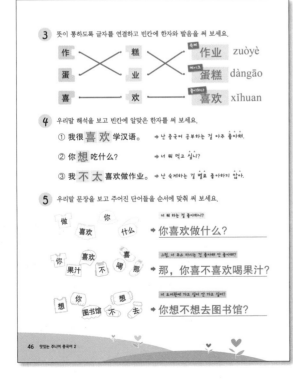

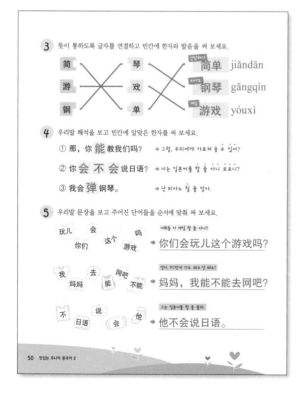